Organização: João Paulo Reys e Maria Borba
Seleção dos fragmentos: Natasha Felizi

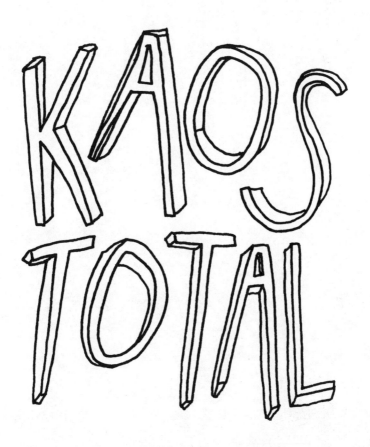

KAOS TOTAL

JORGE MAUTNER

Companhia Das Letras

Dedico este livro ao grande poeta Paulo Bonfim

Na verdade, tudo que eu sou e faço, como este livro, é porque eu sou um pequeno planeta que vive girando em órbita de três estrelas: a estrela Ruth, minha esposa, a estrela Amora, minha filha, e a estrela Júlia, minha neta. Elas é que irradiam a seiva da vida em minha alma, neurônios, pele, nervos, tudo, até os sonhos e a felicidade vêm por causa delas, por isto sou a pessoa mais feliz do universo.

I wish to state the following responsibilities, which I am willing to undertake for Jorge Mautner during his residence in the United States. I wish to employ Mr. Mautner as a translator because of the number of languages he knows which will help me in my own translations of poetry from foreign languages. I will also employ him as a general secretary, to look after and sort my present and past correspondence, manuscript, and other materials relating to my work as a writer.

Robert Lowell

O Mautner é contraditório, carrega simultaneamente uma ideologia cosmopolita e uma nacionalista, é uma espécie de bússola de mil polos, que aponta para todas as direções, mas sempre com uma certa dose de ironia judaica. Portanto, ele não é só beat, só cosmopolita, só nacionalista, só judeu ou só raízes negras — ele é tudo isso, ao mesmo tempo, agora.

Ottaviano de Fiore

Jorge Mautner é um homem forte como um rochedo, claro como a água, leve como vento. Os fios elétricos, a bola de borracha, os buracos da flauta, a sola do sapato, as patas do mosquito e o palito no meio do pirulito. Jorge Mautner pode ser qualquer coisa. Tudo. Claro que tudo é tudo e todo mundo é, diria você, mas Jorge realiza em si a caminhada para a consciência desse TUDO, é como ele brinca com as pedras do caminho!

Gilberto Gil

Desde que conheci Jorge Mautner, em Londres, chamo-o de mestre. É que ele chegou logo dando aulas de história, instruções de ginástica sueca e conselhos orientais.

Me mostrou Nietzsche (*fiquei encantado com os aforismos de A vontade de poder, mas me apaixonei mesmo pelo* Nascimento da tragédia no espírito da música).

Queria estar com ele hoje que é seu aniversário. Estou na Bahia, ele, no Rio. Queria dar um beijo de parabéns mas também ouvi-lo. Quem foi nietzschiano radical, com todo o anticristianismo, o antissocratismo e a antidemocracia que isso implica, e, com o passar dos anos, resume sua posição no mundo à defesa de Jesus de Nazaré e os tambores do candomblé como expressão do amálgama brasileiro, é a pessoa com quem mais tenho necessidade de conversar nesses dias de exposição da tensão profunda que há entre o avanço vital de uma religião-bebê (como o mestre gosta de definir) e os maltratados princípios iluministas que sustentam as democracias liberais cristãs do Ocidente.

Ele sem dúvida sabe que os malucos que matam cartunistas não representam essa religião, o mínimo que se pode dizer é que ela não se resume a eles, não pode ser confundida com essa linha jihadista. [...] Mas isso é coisa que ele sabe que eu penso. O que me faz falta agora é a surpresa de uma observação surpreendente vinda dele. Queria festejar o aniversário de Jorge Mautner (com quem gravei um dos melhores discos e fiz um dos melhores shows de toda a minha carreira) abraçando-o e ouvindo dele as palavras que faltam diante da cara do mundo.

Caetano Veloso

Sumário

29 Letras

263 Poemas

353 Prosa poética

385 Fragmentos

409 Nota dos organizadores

411 Índice de títulos e primeiros versos

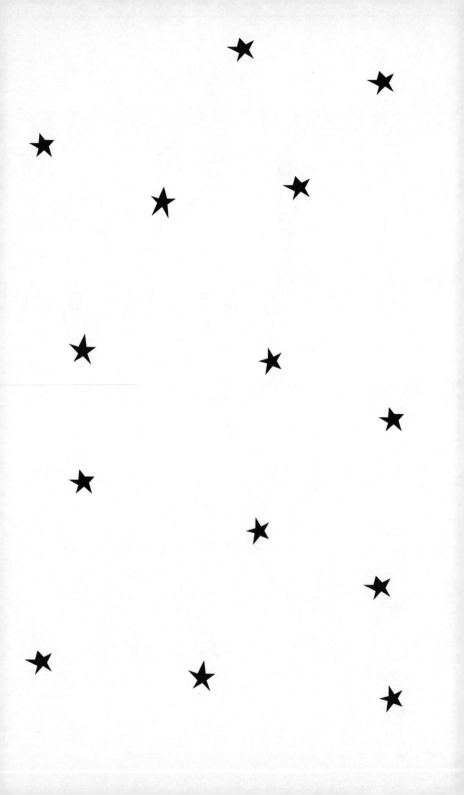

LETRAS

PRIMEIRAS COMPOSIÇÕES

PRIMEIRAS COMPOSIÇÕES

Iluminação

Quando a chuva que é tão fria
e cinzenta e gelada,
mas tão quente lá por dentro,
me molhou pela primeira vez,
eu tive a iluminação!

He-hei, he-hei

E vi o mundo de uma cor
que eu nunca imaginei,
e o mundo era aquilo
que eu sonhei!

Vaidade, vaidade
Vaidade, vaidade
Vaidade, vaidade
Vaidade, vaidade
Vaidade das vaidades
Tudo é vaidade, eu sei!

He-hei, he-hei

Mas quem teve a iluminação
é um rei.
É um re, é um re, é um re, é um rei
É um re, é um re, é um rei
Eu sou o rei!

E eu não ligo pra toda essa gente
que me chama de alienado
e que diz que eu vivo errado
e que eu vivo em confusão.

He-hei, he-hei

Tenho dó é dessa gente
que ainda vive no século passado
que ainda acredita em salvação.

E eu me deixo influenciar
por tudo que existe por aí
Homem-Aranha do gibi
Bob Dylan, Zaratustra
Dorival Caymmi
Gilberto Gil
e o meu xará que é
o Jorge Ben.

He-hei, he-hei

E enquanto vou tomando coca-cola
vejo o mundo caminhando para
a Terceira Guerra Mundial
e eu não tenho ninguém.

E quando a chuva se encontra com o vento
e os dois cavalgam juntos pelo tempo,
sei que falo com Deus e com Satanás!

(E como disse Ray Charles
pela música cheguei a Deus.
Quando vi que tinha chegado a Deus,
vi que tinha chegado ao diabo ao mesmo tempo.
Ah, jamais quero desfazer este pacto
por toda a eternidade.)

He-hei, he-hei

E os dois são meus amigos antigos
dançam valsa dentro do meu coração,
isso é guerra e paz.

É, mas eu não ligo pra ninguém
e não tenho opinião
e não ligo pra você também
porque só existe a solidão!

He-hei, he-hei

E só existe o ódio
misturado com o amor,
as paixões que são átomos em turbilhões
a festa, a dança, a bomba
e esta velha paixão!

Chuva princesa

Você sabe o que é a chuva, meu bem?
É uma princesa que cai do céu,
é a tristeza em forma de véu

Quando os teus cabelos
forem iguais aos cabelos da chuva,
Meu amor,
então vou gritar de felicidade
porque
gosto muito da chuva
E de você.

E de você.

Olhar bestial

Não leve a mal
(não, não)
o teu olhar
(sim, sim)
é bestial.

Tem olhar de fera,
tem olhar de triste,
tem olhar de primavera,
tem olhar de quem só bebe uísque.

Mas não faz mal
(não, não)
o teu olhar
(sim, sim)
é bestial.

Porque você um dia olhou
demais pro amor,
e quando viu que o amor não era
aquilo que a gente espera que ele seja,
passou muito mal
e ficou desde então
com este olhar bestial.

Não leve a mal
(não, não)
mas o teu olhar
(sim, sim)
é bestial.

Vampiro

(Soy soldado revolucionario
Soy de aquellos de caballería
Y me muere mi guapo en combate
Ay hombre, da-me una tequila!
Me sigo en la infantería)

Eu uso óculos escuros
para as minhas lágrimas esconder.
Quando você vem para o meu lado
as lágrimas começam a correr.

Sinto aquela coisa no meu peito,
sinto aquela grande confusão.
Sei que eu sou um vampiro
que nunca vai ter paz no coração.

Às vezes eu fico pensando
por que é que eu faço as coisas assim
e a noite de verão, ela vai passando,
com aquele cheiro louco de jasmim.

E fico embriagado de você
e fico embriagado de paixão.
No meu corpo o sangue já não corre
não, não, corre fogo e lava de vulcão.

Eu fiz uma canção cantando
todo o amor que eu tinha por você.
Você ficava impassível,
eu cantando do teu lado a morrer.

Ainda teve a cara de pau
de dizer naquele tom tão educado
Oh, pero que letra tan hermosa,
que habla de un corazón apasionado!

Pois é por isso que eu sou o vampiro
e com meu cavalo negro eu apronto
e vou sugando o sangue dos meninos
(oba!)
e das meninas que eu encontro.

Por isso é bom não se aproximar
muito perto dos meus olhos.
Senão eu te dou uma mordida,
que deixa na tua carne aquela ferida.

E na minha boca, eu sinto
a saliva que já secou
de tanto esperar aquele beijo.
Aquele beijo, meu amor, aquele beijo que nunca,
nunca chegou.

Você é uma loucura em minha vida
você é uma navalha para os meus olhos
você é o estandarte da agonia
que tem a lua e o sol do meio-dia.

A bandeira do meu Partido

A bandeira do meu Partido
é vermelha de um sonho antigo.
Cor da hora que se levanta
levanta agora, levanta aurora!

Leva a esperança, minha bandeira
tu és criança a vida inteira.
Toda vermelha, sem uma listra
minha bandeira que é socialista!

Estandarte puro, da nova era
que todo mundo espera e espera.
Coração lindo, no céu flutuando
te amo sorrindo, te amo cantando!

Mas a bandeira do meu Partido
vem entrelaçada com outra bandeira
a mais bela, a primeira
verde-amarela, a bandeira brasileira!

Quando a tarde vem

Quando a tarde vem,
você se esconde meu bem
com medo da tarde.
Mas quando a noite cai,
você sai pulando feliz
e vem me beijar.
Dizendo que amor só tem graça de noite
e você tem razão, mas então por que
você gosta da manhã?
E gosta de mim, que tenho os cabelos
cor do sol da tarde.
Ô ô, por que eu gosto da chuva
mais do que de você?

Eu gosto da chuva
mais do que de você.
Eu gosto da chuva
mais do que de você.

Hiroshima, Brasil

A guerra fria é nuclear,
está no ar.
Corrói tecidos da carne humana,
é um horror que os nossos filhos
nasçam deformados
ou não nasçam de vez.
E a gente morre só uma vez,
mas era tão bonito viver
que eu não quero morrer.
Pra que essa guerra?
Conquista de mercado.
O homem é o gado,
dinheiro manda nele,
o lucro é que importa.

Em Hiroshima
a bomba caiu.
Caiu em cima
da população civil.
Brasil.

Rock da barata

Pisei numa barata
com o meu pé direito.

A-ah, A-ah, A-ah, A-ah, A-ah

Ela estava enchendo,
era o único jeito.

Matei minha barata
de estimação.
Agora quando olho pro tapete
dói, dói, dói no coração.

Ahhhhh!

Pisei com tanta vontade,
depois me arrependi.
Agora já é tarde,
matei, matei a pobre da Lili.

Ahhhhh!

Depois fiquei chorando
pelo crime que cometi.
Não se deve matar ninguém
nem sequer uma barata que é cri-cri.

Ahhhhh!

Lili ficava me enchendo
com perguntas sem parar.
E eu só querendo
ficar um minutinho sem pensar.

Ahhhhh!

Tem tanta maldade no mundo,
tem tanta saudade de amor.
Que cai num choro profundo
quem carrega como eu alguma dor.

Ahhhhh!

Às vezes fico pensando
que estranho esse planeta.
E se em vez de uma barata
Lili fosse uma linda borboleta?

Ahhhhh!

COMPACTO • 1966

COMPACTO • 1966

Radioatividade

Você está tão triste
não dormiu também,
eu sei o motivo
não conto pra ninguém.

Porque todo mundo sabe
é medo que o mundo acabe
e que sobre a terra
venha a nova guerra.
Venha a nova guerra.

Pois você não dorme,
tem insônia e tem horror
de ver que no mundo
já não tem amor.
Já não tem amor.

Por isso eu quero viver
longe da maldade,
do dinheiro que escravizou
toda a humanidade.

Por isso eu quero viver
com toda a intensidade,
sem ligar pra opinião
de quem não fala a verdade.

Eu também não durmo,
fico a cismar
se amanhã ainda
eu hei de cantar.

Porque amanhã quem sabe
até a minha voz se acabe
quando na cidade
a morte chegar
com a radioatividade.

Não, não, não

Não, não, não
quero ouvir mais você falar.
Não, não, não
quero ouvir mais você falar
bobagens sobre todas as coisas,
todas as coisas, sem exceção.
Dói, dói, dói no coração.
Dói, dói, dói no coração.

Você fala que os homens
não são iguais,
que no mundo nunca vai
haver a paz.

Tudo é tão triste
quando ouço você
parece que tudo
assim sempre há de ser,
guerra e matança
e fome sem esperança.

É que você não liga
pra quem vive a sofrer,
Cristo também era pobre
não tinha o que comer.

Você diz que mulher
é ser inferior,
que dinheiro compra tudo
compra até o amor.

PARA ILUMINAR A CIDADE • 1972

PARA ILUMINAR A CIDADE • 1972

SuperMulher

Olha, ela canta, fala, grita e zanza,
ela tem aquela transa
que eu não digo com quem é.
Ela tem o rebolado,
tem o corpo tatuado
de uma figa da Guiné.

Ela tem uma coleção
de animais bem perigosos,
de animais muito orgulhosos
lá da Arca de Noé.
Ela tem uma pantera
que ela arrasta na coleira,
ela gosta dessa fera
pois é grande feiticeira
e seduz os corações.

SuperMulher,
SuperMulher,
é de capa voadora
domadora de leões.

Sapo-cururu

Este sapo-cururu não anda de bicicleta
mas ele anda dizendo que a lua é careca!
Ah, se a lua fosse careca
ela usava cabeleira.

Ah, como é bonita a bandeira brasileira!
Ah, como é bonita a bandeira brasileira!

Música adaptada do folclore brasileiro

Estrela da noite

A noite é escura
e o caminho é tão longo
que me leva à loucura.
Andando e dançando
no fio da navalha,
eu sou o faquir,
eu sou o palhaço
e um grande canalha.

Teu olhar pontiagudo
me corta como um punhal.
Quero saber de tudo, tudo, tudo
antes do Carnaval.

Estrela soturna
com a luz do destino,
com a cor dos infernos
e o amor tão pequenino.

Mas o vento sacode
a lona do circo amarela,
como é que você pode viver tão longe dela?

Estrela da noite,
fulgor do demônio.
Ah, negro açoite
do fundo do meu sonho.

É um malabarista
de um trapézio de metal
se jogando pra morte
com orgulho sem igual.

Fumando o antigo cigarro de palha
com meu amigo papagaio
e aquela velha gralha.
Mas as cartas marcadas
estão em cima da mesa,
minha alma gelada
com o gelo da tristeza.

Os dados lançados
num jogo da sorte,
todos eles marcados
com a estrela do norte.

Minha mão tremendo
segura a tua mão
que é assim que eu te prendo
dentro do coração.

Mas do fundo das trevas
sei de alguém que me chama.
Para onde me levas,
Ruth, rainha cigana.

Anjo infernal

Eu queria um dia
te pegar pela mão,
te levar pra uma festa
sensacional
pra todo mundo me perguntar
quem é
quem é
quem é
quem é
este anjo infernal.

E depois da festa
você dançaria
na manhã sangrenta
em frente do mar,
com seu chapeuzinho vermelho
a cobrir seu lindo cabelo
até o sono te desmaiar.

Mas eu já nem sei
como é que pode
nem como é que eu sinto
nem como é que veio
tanto amor.

Pra mim você caiu do céu
numa grossa chuva de mel
e num disco voador.

Mas você é mesmo
coisa de um mundo que entre nós
nós, nós, nós, nós,
ainda não surgiu.
Pedaço de estrela cadente,
presença do Oriente
na paisagem do Brasil.

Quando eu ouço bem à noite
as estrelas nos meus ouvidos
a murmurar
vejo você na minha frente
e é sem motivo,
e é de repente
que eu começo a chorar.

Quero ser locomotiva

Eu quero ser como a locomotiva
para atropelar você.
Fazendo tchuc tchuc tchuc tchuc tchuc tchuc piuí...
por todos os campos, em todos os cantos
vendo as flores a nascer.

Eu quero ser como um gato do mato
que vive só miando.
Fazendo miau miau miau miau miau...
chorando acordado, chorando dormindo,
chorando cantando.

Eu quero ser como um triste vampiro
voando pela cidade.
Fazendo vum vum vum vum vum vum vum vum...
com minha capa sombria, com a mente tão fria
atrás da felicidade.

Eu quero ser como a serpente da água
que vive só na mágoa.
Fazendo psiu psiu psiu psiu psiu psiu psiu...
comendo a uva, bebendo a chuva
que do céu deságua.

Eu quero ser o telefone de plástico
pra ligar só pra você.
Fazendo trim trim trim trim trim trim...
"Alô, alô, quem fala? É meu grande amor?
Vou saindo pra te ver."

Eu quero ser como a TV colorida
pra mostrar todas as cores.
Fazendo mmiumm mmiumm mmiumm mmiumm...
num programa de beijos, de loucos desejos
e de loucos amores.

Eu quero ser como um chiclé de bola
pra estourar na sua boca.
Fazendo ploft ploft ploft ploft ploft ploft ploft ploft...
vivendo contente, grudado no seu dente,
ai, que coisa mais louca!

Eu quero ser como um carro de praça
levando a multidão.
Fazendo fon fon fon fon fon fon rrrr fon fon!
Com o corpo cansado, com o breque quebrado
na avenida São João.

Eu quero ser como um riso de amor
na boca de um anjo.
Fazendo hã hã hã hã hã hã hã hã hã ah...
em cima das nuvens, ao lado de Deus,
tocando o meu banjo.

Sheridan square

I've been talking to you
thru that damn white plastic
friendly-unfriendly telephone.
When I hear your voice
I feel a thrill right into my bones.
Because I found you
when I found the blues
walking lonely in Sheridan Square
trying hard, so hard to get loose!
Trying hard, so hard to get loose!

Then I told you about Rio de Janeiro
and some many other magic places
and I keep on seeing in your eyes
one thousand smiling faces!
Because I found you
when I found the blues
walking lonely in Sheridan Square
trying hard, so hard to get loose!
Trying hard, so hard to get loose!

But I keep on waiting for you down here
until you come back from endless spaces
to my arms.
The only thing I can offer besides love
are those freaky, distant charms.
Because, baby, I found you
when I found the blues
walking lonely in Sheridan Square
trying hard, so hard to get loose!

Trying hard, so hard to get loose!
Then the night gets darker in New York
and a thunderstorm arises.
How can I know what's gonna happen
with our cat-styled electric lives?
Because, baby, I found you
when I found the blues
walking lonely in Sheridan Square
trying hard, so hard to get loose!

From faraway

Baby, I came from far away.
From where the sun
never shines at day.
Up there it's so cold,
everybody's so old
that I'm looking for you,
that I'm looking for youth.

I ain't gonna tell you that's good.
I ain't gonna tell you that's bad.
I just want you to know
that my body is alone and sad.

My body feels the heat
sometimes, of the stars at night
then feels the cold rain dropping by.

But I am sick of searching
all through this land
a loving caressing hand.

Oh, how I wish to feel
that strange thrill
that so many people describe to me:
a loving hand caressing my hand,
my body, taking care.

Musicada por Caetano Veloso

COMPACTOS • 1973-4

COMPACTOS • 1973-4

Relaxa, meu bem, relaxa

Pra que, pra que
você curte esse grilo
de ser comida viva
por um grande crocodilo?

Relaxa, meu bem, relaxa.
Não tem perigo nessa selva africana
pra quem como você já ganhou tanta cancha
na selva de Copacabana.

Mas cuidado com a serpente
que seduziu Eva e seduziu Adão
e foi na noite muito quente,
baby, baby, como essa,
e lua de verão.

Musicada por Nelson Jacobina

Planeta dos macacos

Vem comer essa banana
que é uma refeição de fato.
Meu bem, eu te dou o melhor naco.

Vem vestida de baiana
ou boneca doidivana, neném.
No planeta dos macacos.

Vem cá, boneca minha
ser a única rainha
nesta selva de batuque
onde o palhaço dança e pula com o duque
fantasiados de animais.
Somos todos iguais nestes carnavais.

Musicada por Jards Macalé

Bem-te-vi, bem-te-viu

Foi no dia em que eu te vi
e que você também me viu
e fez fiu-fiu
e fez fiu-fiu
em cima daquele galho
Bem-te-vi também te viu
Bem-te-viu
Bem-te-viu

E o que ele viu e assistiu
com olhos de passarinho
foi o beijo mais gamado
e alucinado do Brasil

Musicada por Nelson Jacobina

JORGE MAUTNER • 1974

JORGE MAUTNER • 1974

Guzzy muzzy

Lá-i-á, Lá-i-á, Lá-i-á, Lá-i-á, Lá-iá-lá
Lá-i-á, Lá-i-á, Lá-i-á, Lá-i-á, Lá-iá-lá
Lá-i-á, Lá-i-á, Lá-i-á, Lá-i-á, Lá-iá-lá

Como vai você
nesse dia azul?
Então você me respondeu
Guzzy Guzzy Muzzy! Hey you!
Guzzy Guzzy Muzzy! Hey you!

Será que assim falam
os índios do Xingu?
Então você me respondeu
Guzzy Guzzy Muzzy! Hey you!
Guzzy Guzzy Muzzy! Hey you!

Será que não ia bem
consultar doutor Arthur?
Então você me respondeu
Guzzy Guzzy Muzzy! Hey you!
Guzzy Guzzy Muzzy! Hey you!

Será que você tomou
cachaça com chuchu?
Então você me respondeu
Guzzy Guzzy Muzzy! Hey you!
Guzzy Guzzy Muzzy! Hey you!

Guzzy quer dizer que eu te amo
e muzzy quer dizer que eu te adoro.
E hey you é hey você, hey você!
Hey você, hey você!
Hey você, hey você!
Hey você, hey você!
Hey você mesmo
no meio desta multidão!

Lá-i-á, Lá-i-á, Lá-i-á, Lá-i-á, Lá-iá-lá
Lá-i-á, Lá-i-á, Lá-i-á, Lá-i-á, Lá-iá-lá
Lá-i-á, Lá-i-á, Lá-i-á, Lá-i-á, Lá-iá-lá

Pipoca à meia-noite

Hoje nada me acalma.
Sinto a morte na alma.

Quanto ódio contido.
Quanto espelho partido.
Um espelho por dia
é a sua quantia normal.

Não brigue tanto comigo
que vais perder um amigo.
É chegado o momento
do despedaçamento final!

Ainda ouço aquele rock na vitrola,
teu pai no quarto ao lado, ali a bronquear.
Você saindo tão gracinha da escola
diretamente pros meus braços
pra me beijar.
Depois cinema e pipoca à meia-noite.
Teus olhos tão lindinhos
a me namorar.
Altas transações e muita touca.
Ai, te segura, meu benzinho
que eu vou cair de boca!

São cenas que não saem da minha mente.
São coisas que me deixam tão doente,
e eu vou gritando pelo Rio de Janeiro
mais alto que o mais alto dos pandeiros
que acabou de desfilar.

Juro, baby hippie,
o nosso amor um dia vai ressuscitar.
Volta logo pro tambá!

Cinco bombas atômicas

Cinco bombas atômicas
em cima do meu cérebro
quando eu era pequeno!
Saudades eletrônicas
e mais cinco bombas atômicas
de manhã muito cedo.

Da janela do quarto vejo você,
meu grande desejo,
que eu quero engolir
nesse próximo beijo.

Musicada por Nelson Jacobina

Samba dos animais

O homem antigamente falava
(Com quem? com quem? com quem?)
Com a cobra, o jabuti e com o leão!
Olha o macaco na selva!
(Aonde? Aonde? Ali no coqueiro!)
Mas não é macaco, baby, é meu irmão!
Porém durou pouquíssimo tempo
essa incrível curtição.
Pois o homem, rei do planeta,
logo fez sua careta
e começou a sua civilização.
Agora já é tarde,
ninguém nunca volta jamais.
O jeito é tomar um foguete,
é comer deste banquete
para obter a paz,
aquela paz
que a gente tinha quando falava com os animais!
(Quém, quém, quém)
Que a gente tinha quando falava com os animais!
(Miau, miau)
Que a gente tinha quando falava com os animais!
(Au, au, au, au)
Que a gente tinha quando falava com os animais!
(Bom dia, dona Cabrita, como é que vai?)

Ginga da mandinga

Olha só que dengue
que eu faço aqui pra você
nesse merengue.

Olha só a ginga
que eu gingo aqui pra você
só de mandinga.

Olha só o tombo que você leva
sambando aqui no quilombo.

Ouve só que banda
que toca assim pra saudar
quem vem de Aruanda.

Tem estrelas no céu.
Tem estrelas no mar.
Tem uma estrela sozinha
no fundo do seu olhar.
São tudo lantejoulas
que a noite vem usar
em cima do terreiro
onde você vem sambar
usando aquela fantasia
que tem a cor do meio-dia
e tem o sol de pedraria
só pra me ofuscar.

Musicada por Rodolfo Grani Jr.

Rock da TV

Vem cá pra essa janela
e vem ver como brilha no céu este sol amarelo
no mundo de ninguém
de cinco falanges prateadas
de anjos com suas espadas
na mão pra se proteger.
Vem cá,
vem ver os vampiros que voam ali também.

Vem ver esse mar que só se acaba na boca do grande profundo
[abismo
onde às vezes à toa
a serpente do mar bate um papo com um peixe
e é lá que às vezes sozinho eu cismo.
Vem ver o anúncio infernal na bola de cristal.

Vem ver como voa pra longe
esse lindo cavalo de asas douradas
que é um cometa
perto do misterioso soturno décimo planeta
e tudo isso se vê olhando
pra esse aparelho que sintoniza e fica vibrando.

Depois eu te levo pra longe, pra mais longe ainda.
Eu te levo pra Índia
numa caravela.
Eu vou te puxar pela mão
pra dentro da tela da televisão
que é a janela dum carro.
Vem ver esta cena de amor no circo de horror!

Musicada por Nelson Jacobina

Herói das estrelas

("E aqueles que viviam nas regiões tenebrosas
olharam para o céu
e viram a luz daquela estrela cintilante,
que com sua luz mostrava
o lugar e a morada
da onde nasceria a esperança."
Isaías, séculos antes do nascimento de Jesus de Nazaré.

Jesus de Nazaré que disse:
"Tive fome, tive sede.
Fiquei nu, fui doente.
Era estrangeiro".

E como disse Friedrich Nietzsche em *Zaratustra*:
"Somente aquele que tiver o caos dentro de si
Poderá dar à luz a grande estrela bailarina".)

O herói tem uma capa de estrelas
e um cinto de cometas.
Mas o herói tem uma capa de estrelas
e um cinto de cometas.

E na testa a estrela solitária
da irmandade dos planetas.
E na testa a estrela solitária
da irmandade dos planetas.

Voa o seu voo noturno,
e nos dedos ele usa os misteriosos
fulgurantes sete anéis de Saturno.
E nos dedos ele usa os misteriosos
fulgurantes sete anéis de Saturno.

E tem nas mãos uma espada de luz
que um anjo astronauta lhe deu

quando se encontraram pelo espaço,
e ao anjo astronauta ele então respondeu:
O meu caminho eu sei
mas eu não sei qual é o seu.
No universo tudo voa,
tudo parece balão.
É que pra mim, anjo astronauta,
só me interessam os caminhos
que levam ao coração.
(E como disse Maiakóvski:
"Nos demais, todo mundo sabe,
o coração tem moradia certa,
fica aqui bem no meio do peito.
Mas comigo, ah!, a anatomia ficou louca
e eu sou todo coração!".

E como disse Rainer Maria Rilke:
"Quem, dentre a hierarquia dos anjos, me ouviria
se eu por ele chamasse,
e mesmo se eu gritasse,
e um deles me ouvisse,
viesse ao meu encontro e me abraçasse,
ah! eu derreteria perante o seu ser mais forte.
Porque todo anjo é terrível,
e a beleza é apenas o início do terrível".

E como disse o Charles Baudelaire:
"Oh, Satã! Oh, Satã!
Tu que és o Rei dos Anjos,
tenha piedade da nossa longa miséria".

E Mallarmé, que disse:
"A carne é triste,
e eu já li todos os livros.
Mas ouve, oh! minha alma, como é linda
a canção dos marinheiros!".)

(E como disse Hölderlin:
"Aqui na alegria
jamais consigo cantá-la nos meus versos.
É somente aqui,
na mais profunda tristeza,
que eu consigo cantá-la".

E como disse Vinicius de Moraes:
"Eu nunca fiz coisa tão certa:
entrei para a escola do perdão.
A minha casa vive aberta,
abri todas as portas do coração".)

Musicada por Nelson Jacobina

Matemática do desejo

Na matemática do meu desejo,
eu sempre quero mais um, mais um, mais um beijo.
Na matemática do meu desejo,
eu sempre quero mais um, mais um, mais um beijo.

E assim vou vivendo na natureza
selvagem dessa paixão
que é o império da beleza
e é ferro e é fogo
e é barra-pesada pro meu coração!

Na matemática do meu desejo,
eu sempre quero mais um, mais um, mais um beijo.
Sempre ali (sempre ali!) no meu caminho.
Quero sentir todo o seu carinho.

O relógio quebrou

O relógio quebrou
e o ponteiro parou
em cima da meia-noite,
em cima do meio-dia.

Tanto faz porque depois de um vem o dois,
e vem o três e vem o quatro e eu fico olhando o rato
saindo do buraco do meu quarto.

E você de bonezinho caindo pro lado
Fazendo cena de cinema e cena de teatro
com seu charme de Greta Garbo
e jeitinho de baby hippie,
fico todo alucinado.
Sacou o meu recado?

Salto no escuro

Tem um jato de luz saindo
do meu crânio para o seu crânio!
Ai meu amor, como eu te amo!

Tem dois arco-íris unindo
meu coração com o seu coração!
Ai meu amor, é a nossa paixão!

Tem mil horizontes com gritos
e fontes no nosso caminho.
Lágrimas de doçura,
tudo isso é uma loucura
e um milhão de carinhos!

E o amor que é tão raro hoje em dia
em que tudo é tão caro
que já virou mercadoria.

Nosso beijo explode
o passado e o futuro
porque o amor sempre é
um salto no escuro.

Musicada por Nelson Jacobina

Nababo ê

Você Nababo ô-oi,
Você Nababo ê-ei,
Nababo na Babilônia sempre é um rei
Você Nababo ô-oi,
Você Nababo ê-ei,
Nababo na Babilônia sempre é um rei

E eu me acabo sempre como um pobre-diabo
fumando o cigarro que eu filei,
me movimentando nesse círculo quadrado,
andando triste, sozinho e com cuidado
Por coisas outras do que essas coisas que eu falo
mas que se encaixam direitinho, com jeitinho
nesse embalo!
Direitinho, com jeitinho
nesse embalo!

Musicada por Nelson Jacobina

Um milhão de pequenos raios

Um menino brinca
chutando lentamente a sua bola
tendo atrás de si a velha escola
onde a professora ensina
e ele gama naquela menina
cujo pai trabalha num posto de gasolina.

Esse menino é um inventor
e empina papagaios.
Fez um que parece um céu azul
com um milhão de pequenos raios,
com um milhão de pequenos raios,
um milhão de pequenos raios.

Musicada por Nelson Jacobina

Maracatu atômico

Atrás do arranha-céu tem o céu, tem o céu,
e depois tem outro céu sem estrelas.
Em cima do guarda-chuva tem a chuva, tem a chuva
que tem gotas tão lindas que até dá vontade de comê-las.

No meio da couve-flor tem a flor, tem a flor
que além de ser uma flor tem sabor.
Dentro do porta-luva tem a luva, tem a luva
que alguém de unhas negras e tão afiadas se esqueceu de pôr.

No fundo do para-raio tem o raio, tem o raio
que caiu da nuvem negra do temporal.
Todo quadro-negro é todo negro, é todo negro,
e eu escrevo o seu nome nele só pra demonstrar o meu apego.

O bico do beija-flor beija a flor, beija a flor
e toda a fauna, flora, grita de amor.
Quem segura o porta-estandarte tem arte, tem arte
e aqui passa com raça, eletrônico, o maracatu atômico!

Musicada por Nelson Jacobina

MIL E UMA NOITES DE BAGDÁ • 1976

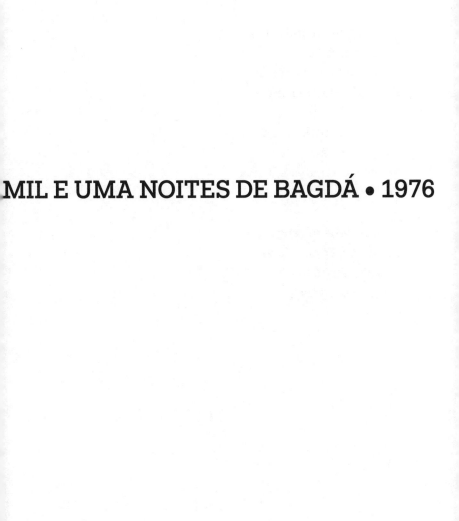

MIL E UMA NOITES DE BAGDÁ • 1976

Homenagem a Oxalá

Do jeito que o mundo anda
Ele precisa de fé
Ouve o grito da umbanda
E também do candomblé

Ah, ai esse céu de aruanda
Eu vou saravá
Ai que me toque essa banda
Em homenagem a Oxalá

Tá na hora da miçanga
Do calumba e do cafuné
Hora de cair no samba
Que faz cócega no pé

Rainha do Egito

Sou a rainha do Egito
Sou a filha do faraó
Sou uma dessas meninas
que namora a lua e o sol.

Sou cartomante de esquina
Sou bailarina de um cabaré
Sou uma dessas meninas
que anda descalça e a pé.

Me mandando pela louca madrugada
com um cigarro aceso em cada mão.
Porque o ser humano, seja homem ou mulher
é uma eterna criação,
é uma eterna criação.

Posso te beijar agora,
pro zigue-zague poder ir embora.
Posso te beijar agora,
pro zigue-zague poder ir embora.

É barra pesada que está chegando
É barra pesada que está chegando
Tudo menina, menino joia dançando
Tudo menina, menino joia dançando

Bolinhas de gude

Eu não sei como pude
esquecer teus olhinhos bolinhas de gude
Eu não sei como pude
te tratar e gritar de um modo tão rude

E que Deus me ajude e que Deus me ajude e que Deus me ajude
E que Deus me ajude e que Deus me ajude e que Deus me ajude

Os mistérios do amor eu não pude
entender por mais que eu estude
O coração quando ama
é capaz de qualquer atitude

O amor não muda jamais
por mais que a gente se mude
Eu só sei que esse beijo me faz
tão bem à saúde

O pierrô de olhos tristes vem
tocando o seu alaúde
E me disse que assim
a tristeza ele sempre ilude

Começa a chuva fininha
que cai tão amiúde
Minhas lágrimas já encheram
todo o açude

Samba jambo

Eu não ando eu só sambo
Por aí
Esse samba jambo
escorregando para não cair

Eu me encosto nesse poste
À sombra da bananeira
E por mais que eu te goste
Você não vê minha bandeira

Iê-iê-iê, Iá-iá-iá

Seus olhinhos sempre têm meu bem
Aquela luz da aurora da manhã

Iê-iê-iê, Iá-iá-iá

Musicada por Nelson Jacobina

Ai, ai, ai

Assim faz o punhal da paixão
quando num coração
ele cai.

Ai, ai, ai

Olha bem pro fundo do olho negro desse cachorro
e vê que tristeza que ele tem.
Só porque o seu dono não vem,
só porque o seu dono não vem.

[Grunhidos]

O som do meu violino

Meu amor se foi embora
e me deixou tão só.

Meu amor naquela hora
de mim não teve dó.

Foi pra noite,
foi abraçar o seu destino.

E eu fui atrás em pensamento,
na onda do som do meu violino.

Mil e uma noites de Bagdá

A lua vive da luz do sol
O sol vive da luz de Deus
E Deus vive do amor que fez

Quem lhe derramou em forma de chuva celestial
Em cima de mim, de nós e de vocês
Era uma chuva como cachos de uva
Das mil e uma noites de Bagdá

Era uma chuva como cachos de uva
Das mil e uma noites de Bagdá

E o povo do mundo se pôs a cantar
E o povo do mundo se pôs a cantar

Musicada por Nelson Jacobina

Samba dos meses

O amor é como um raio
no céu azul de maio.

Em julho eu quebro seu orgulho
Em agosto fujo do desgosto
Em setembro já não sei o que pretendo
Em dezembro já nem me lembro

(Mas como é que foi?)
Já nem me lembro
(O que é que foi?)
Já nem me lembro
(Quando é que foi?)
Já nem me lembro
(Mas como é que foi?)
Já nem me lembro

Musicada por Nelson Jacobina

Aeroplanos

Você faz tantos planos
fica voando em aeroplanos
da imaginação.
Por que não faz seu campo de pouso
no aeroporto
do meu coração?

Você voa com as nuvens
que são penugens
cor do algodão.
Que só retornam pra terra
com a chuva
como gotas negras
que batem no chão.

Um dia seus cabelos ficaram presos na lua
e depois você voou pros confins do Universo
e voltou me dizendo
que Deus fez tudo num sopro só
como quem faz um único verso.

Musicada por Rodolfo Grani Jr.

Txim-plan

Mas que dia azul
logo de manhã
na América do Sul,
Itapuã.

Vou mergulhar é nessa água
Txim-plan, Txim-plan

Vou nadando e mergulhando
até a sereia do mar
que fica sentada na pedra
com um pente de escamas
e sete mucamas
seus negros e longos cabelos
a pentear, a pentear...
a pentear, a pentear...
a pentear, a pentear...

Musicada por Perinho Albuquerque

Chave do tesouro

Te dei a chave do tesouro,
que vale muito mais que ouro,
mas você não quer.

O nosso amor foi como um doce,
muito cedo logo acabou-se,
por ele eu tiro meu boné.

Depois eu jogo a minha sorte ao léu,
enxugo as lágrimas e vou andando
pelo inferno e pelo céu.

Daquele edifício,
daquele arranha-céu
alguém me manda um beijo
com desejo que eu vejo
através da fumaça poluída
que cobre a cidade como um véu.

Vai cair uma chuva de mel!
Vai cair uma chuva de mel!

Musicada por Nelson Jacobina

Diamante costurado no umbigo

Onde está você que não vem?
Onde você está que não tem?
Será que se escondeu atrás de uma nuvem?

O chão que eu piso
é o próprio paraíso,
quando você está comigo
por esta noite de veludo
quando a cidade adormece,
se esquece de tudo.

O resto eu não digo,
pro resto eu não ligo.
Porque uma pessoa joia mesmo
é coisa rara,
como alguém que tem
um diamante costurado no umbigo.

COMPACTO FILHO
PREDILETO DE XANGÔ
1978

COMPACTO FILHO PREDILETO DE XANGÔ 1978

Filho predileto de Xangô

No meio da floresta cintilante
de esmeraldas
ele nasceu, ele se criou.
O filho predileto de Xangô.

Usava na cabeça a coroa prateada e sagrada
do antigo rei Nagô.
À frente da legião dos guerreiros
muitas batalhas ele lutou, ele ganhou.
O filho predileto de Xangô.

Mas a sua infelicidade era não ter felicidade
nos assuntos e negócios do amor
Foi por isso, foi por isso, foi por isso, foi por isso, só por isso
que na noite passada ele tanto chorou
U-hu, U-hu, U-hu-uú
U-hu, U-hu, U-hu-uú

(E neste umbral do século XXI
o político vai ser mais um médium
telepata recebendo Oxum
do que ser dogmático, pragmático
burocrático.
E a velha deusa Harmonia ressuscitou
com o nome de Ecologia.
E nessas Américas Latinas,
os meus sonhos estelares,
vai ter afinal a paz
entre os civis e os militares,
por todos os séculos

seculares
por todos os séculos
seculares.
E quem diria, quem diria, quem diria
quem diria, quem diria, quem diria
que finalmente chegaria
o esperado, inesperado
iluminado, abençoado dia da Anistia
pela democracia?
E como consequência natural
aumento salarial.
E como consequência natural
aumento salarial.
Para todo mundo ter o seu capital
em direção à democracia social
liberal
com agropecuária natural
para acabar com a fome mundial.)

O boi

Quando eu digo ei,
vocês dizem oi.
Quando eu digo oi,
vocês dizem
onde é que foi o boi?
Oi oi
vocês dizem
onde é que foi o boi?
Oi oi
vocês dizem
onde é que foi o boi?

Pelos labirintos desse mundo
vou andando
sempre imundo e vagabundo
onde os atos e os fatos
são tão sanguinolentos,
tão alucinantes,
todos os instantes,
todos os momentos.

Onde se executa a lei
da bandidagem e do conchavo.
Onde existe o rei que é senhor
e chicoteia o seu escravo.

Vou cantando esse evento
num lamento de tragédia
no império do cinismo
e do sadomasoquismo.

E dedico essa canção
aos companheiros e ao povo dançarino
do abismo.
E dedico essa canção
aos companheiros e ao povo dançarino
do abismo.

É que desde o tempo de criança que eu sei
o que nos aguarda.
É que desde o tempo de criança que eu sei
o que nos aguarda.

É que para além da morte existe ao nosso lado
um anjo da guarda
mas do outro lado,
como quem carrega uma espingarda,
a sinistra pomba do mau agouro.
Foi essa ave maldita que levou
meu boizinho, coitadinho, para o matadouro!
Foi essa ave maldita que levou
meu boizinho, coitadinho, para o matadouro!

Musicada por Nelson Jacobina

O rouxinol

Joguei no céu o meu anzol
pra pescar o sol.
Mas tudo o que eu pesquei
foi um rouxinol.
Foi um rouxinol.

Levei-o para casa,
tratei da sua asa.
Ele ficou bom,
fez até um som.

Ling ling leng ling ling leng len

Cantando um rock
com um toque diferente,
dizendo que era um rock do Oriente pra mim.

Depois foi embora
na boca da aurora.
Pássaro de seda
com cheiro de jasmim.

Musicada por Gilberto Gil

Lágrimas negras

Na frente do cortejo o meu beijo.
Forte como o aço, meu abraço.
São poços de petróleo,
a luz negra dos seus olhos.
Lágrimas negras caem, saem, doem.

Por entre flores e estrelas,
você usa uma delas como brinco pendurada na orelha.
Astronauta da saudade
com a boca toda vermelha.
Lágrimas negras caem, saem, doem.

São como pedras de moinhos
que moem, roem, doem.
E você baby vai, vem, vai
e você baby vem, vai, vem.
Belezas são coisas acesas por dentro.
Tristezas são belezas apagadas pelo sofrimento.
Lágrimas negras caem, saem, doem.

Musicada por Nelson Jacobina

Negros blues

(Quando os brancos começaram a navegar
em suas brancas caravelas
por mares nunca dantes navegados
não sabiam o que iam encontrar.

Mas bem que dentro de suas cabeças
havia sonhos de ouro e de arcas do tesouro.
Foram encontrar naquelas terras do além,
do além-mar.

E os negros em seus navios negreiros,
arrancados lá da África,
da Nigéria, do Dahomei, do Congo,
e no porão dos navios negreiros
inventaram a palavra camundongo.

E os indígenas
Ah! Os indígenas, quem são?
Mais antigos do que tudo,
do que todos nós.
Astronautas, atlântidas, mongóis...
Sei lá... Sei lá...
Eu sei lá...
Mas quem saberá?)

Não há nenhum
ressentimento,
nem pingo de um outro sentimento,
nas palavras que eu digo.
Nas palavras, meu amigo.

(Somente quem tiver o caos dentro de si
poderá dar à luz a grande estrela bailarina!)

Não há nenhum desejo de vingança,
só quero a paz e a esperança,
por cima desses ombros seus.
Por cima destes ombros meus.

(O viajante era um cara que ficava viajando de um lugar pro
[outro lugar sem parar,
até que um dia ele começou a viajar
de um lugar para dentro daquele mesmo lugar.)

E um viajante é sempre um estrangeiro,
é um amante da sua solidão.
Ultimamente eu ando sem dinheiro,
mas vai pintar conforme a ocasião.
(E o profeta ficava que nem louco dentro do seu apartamento
[sem saber como pagar aluguel.
Sonhando com aquela embriagante sombra do oásis,
[do deserto azul.)

Ninguém é profeta em sua terra,
verdade triste esse ditado encerra.
E é por isso que o profeta vai embora,
pois ele sabe que chegou a sua hora.

(E o profeta vai embora,
bem na boca da aurora,
exatamente e justamente nessa vigésima quinta hora.)

Eu gosto muito de olhar para o céu,
a estrela da umbanda é igual à de Israel.
Viva também a nação muçulmana,
pois somos todos badatuque e babel.

(Por isso Shalom, Shalom
Salaam aleikum aleikum salaam
Saravá bolofé!
Quero todo mundo muito odara
e com muito, muito axé!)

É que a nossa mãe comum ela é africana,
agora ela é sul-americana,
ou Iansã, eparrei!, e iê-iê-Iemanjá,
e a rainha de Sabá.

(Passarão o céu e a terra,
mas o que dizem minhas palavras
não passará.
Jesus, o nazareno, o carpinteiro:
Amai-vos uns aos outros.
Atire a primeira pedra aquele que dentre vós nunca pecou.)

Tudo é divino,
tudo é maravilhoso.
Eu gosto tanto
do Caetano Veloso, Gilberto Gil e esses negros blues,
eu sou do samba e dos maracatus.

Eu sou dos xotes, dos cocos, dos xaxados, dos miudinhos e dos
[lundus,
e eu também gosto das canções hindus.
E também del tango, si, ¿como no?

Pero, só sei se for à media luz,
e também del tango, Carlos Gardel
Pero, só sei se for à media luz,
Gilberto Gil e estes negros blues
Gilberto Gil e estes negros blues
Gilberto Gil

(Tim Maia, Milton Nascimento, Stevie Wonder,
Ray Charles, Bob Marley, Jimmy Cliff, Chuck Berry, Little
Richard, Clementina de Jesus, Paulinho da Viola, Nelson
Cavaquinho, Martinho da Vila, Black Out, Jards Macalé,
Gasolina, Heitor dos Prazeres, Ataulfo Alves, Lupicínio
Rodrigues, Wilson Batista, Luiz Melodia, Assis Valente e estes
negros, negros blues!)

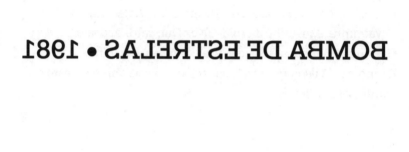

BOMBA DE ESTRELAS • 1981

BOMBA DE ESTRELAS • 1981

Cidadão, cidadã

Assim como é natural o voo da borboleta,
assim como falta uma mão no maneta,
assim como não acho nada de anormal
no fato de você ser troca-letra.

Acho que se deve ser diferente
e não como toda a gente.
Mas igualmente ser gente,
como toda essa gente,
deste país-continente,
e de todo o planeta.

Assim como é lindo o pirata apesar de ser perneta
com uma mão segurando a mão do grumete
e com outra a luneta,
dizendo é natural que os anjos do juízo final
toquem trombeta.

(E vieram pelos espaços os anjos do Senhor,
e desceram como paraquedas azuis e transparentes,
no meio do campo de batalha,
que era televisionado vinte e cinco horas por dia, via satélite, em cores.
E no meio do sangue, da gasolina, dos horrores,
tocaram suas trombetas
e derrubaram a muralha de Jericó.
Quem, quem, quem a não ser o som
poderia derrubar a muralha dos ódios,
dos preconceitos, das intolerâncias,
das tiranias, das ditaduras,

dos totalitarismos, das patrulhas ideológicas,
e do nazismo universal?)

Acho que todo cidadão
ou cidadã
deve ter possibilidades de felicidades
do tamanho de um superMaracanã.

E deve e pode ser azul, negro ou cinza,
sorridente ou ranzinza,
verde, amarelo e da cor vermelha.

Deve-se somente ser e não temer viver
com o que der e vier na nossa telha.

Vivamos em paz,
porque tanto faz
gostar de coelho
ou de coelha.

Musicada por Nelson Jacobina

A força secreta daquela alegria

Que roseira bonita,
que me olha tão aflita.

Que roseira bonita,
que me olha tão aflita
pela chuva que não vem.

Quando pego o regador,
ela me olha com amor.
Sabe o que lhe convém,
sabe o que lhe convém.

Às vezes falo ao acaso
com a samambaia de um vaso,
em cima da janela olhando a Bahia,
em cima da janela olhando a Bahia.

Usamos telepatia,
falamos da vida,
sobre os amores das flores,
e a força secreta daquela alegria.

Letra escrita em parceria com Gilberto Gil e musicada por ele

Samba japonês

Aqui pela primeira vez
eu canto pra vocês
um samba e um batuque feito pra japonês.

E vem aqui dançar comigo
sem levar um tombo
e só se para quando ouvir o som daquele gongo.

Tóquio é a cidade que
quase vive em paz
porque a polícia lá estuda até arranjos florais.

Bruce Lee, kung-fu,
Shaolin chegou
e veio sambando e cantando em nagô.

O sol então nos encontrará,
pela madrugada,
numa festa como num conto de fadas
cor de jade e de marfim.
Nos invade amor sem fim,
felicidade é uma coisa assim.

Musicada por Nelson Jacobina

Namoro astral

Consultando os astros
cheguei à seguinte conclusão:

A não ser que não te deixes,
não te queixes se você só vive a ser
feliz quando vier aquele ser de Câncer,
pra se harmonizar pelo verbo amar
com alguém de Peixes.

Feliz quando vier aquele ser de Câncer,
pra se harmonizar pelo verbo amar
com alguém de Peixes.

Você que tudo equilibra,
não se assuste ou pense que é um unicórnio,
apenas um destino aguarda o ser de Libra,
que é ele se unir e depois curtir
alguém de Capricórnio.

Apenas um destino aguarda o ser de Libra,
que é ele se unir e depois curtir
alguém de Capricórnio.

Seja negro ou seja loiro,
um estouro de explodir o coração
quando vier alguém que seja um ser de Touro,
para um amor de mel pra quem é de léu ou é de Leão.

Você que vive nos ares,
tem amores como que buquê de flores,
só terá paz com alguém de Sagitarius,
que disser meu bem, eu e mais ninguém
sou teu alguém de Aquarius.

Tendo assim mais de dois gênios,
feito luas tu flutuas pelos ares,
felicidade só virá com alguém de Gêmeos,
por terras e mares todos os lugares com alguém de Áries,

Felicidade só virá com alguém de Gêmeos,
por terras e mares todos os lugares com alguém de Áries.

Você, olhos de fuligem
vê se acalma a alma na obsessão,
só vai se dar bem, com alguém, alguém de Virgem.

E muita atenção com essa mordida do Escorpião.

Musicada por Moraes Moreira

Namoro de bicicleta

Namoro de bicicleta
ou então jogando peteca.

No meio dessa fofoca
pulando que nem pipoca.

Vou fundo no fundo
no qual no fundo eu me afundo.

Dizendo eu que te entendo
em cada segundo
de cada segundo.

Depois eu dou
um pulo de pulga.

Dou, dou
um pulo de piolho.

Em cima da coisa mais fina
que é você que eu escolho.

E depois de pôr o amor no amor
e beijar o olho do seu olho,
ponho nós dois como feijão com arroz de molho,
ah-a-há!,
de molho no molho.

Musicada por Nelson Jacobina

Tá na cara

De ray-ban e carro esporte,
ele partiu pra morte,
ele partiu pra morte.

E o operário
de manhã pela avenida,
partiu pra vida,
partiu pra vida tão sofrida!

E o operário
de manhã pela avenida,
partiu pra vida,
partiu pra vida!

E depois deles dois
veio eu, veio você, viemos nós,
como você vê,
cantando na mesma voz.

Pra que todo esse país
fique numa muito boa,
fique feliz.
De Sampa até a Guanabara,
por todos os quatro cantos
e recantos dessa terra
com a qual nenhuma outra
se compara.

Para que enfim
a guerra e a fome tenham fim
e o povo desse planeta fique odara!
E é só isso
tá na cara, tá na cara.

Musicada por Moraes Moreira

Vida cotidiana

À uma você fuma,
às duas vai pras ruas
e às três telefona pra Inês.

(Alô? Benzinho? Vem correndo
que eu guardo uma surpresa pra você, é!)

Às quatro você faz cena de teatro,
às cinco fecha a porta com o trinco
e às seis o problema é de vocês.

(Eu falei pra você não falar nada pra ele
nem nada pra ela, você falou, agora o problema é todo seu
resolve, resolve, quero vê!)

Às sete você vira um travesti vedete,
às oito você fica um chuchu biscoito,
às nove você ama e se comove,
às dez eu te faço cafunés com os pés,
às onze você faz cara de pau olhos de bronze,
às doze você faz aquela pose.

(Você quer uma rosa ou uma rose?
Ou quelque chose?
Eu vou imitar um avião, hein!
Nhrrrrr... Tá-tá-tá-tá...)
(Eu te falei não fala pra ele, não fala pra ela
tu falou, agora o problema é todo teu!)

(Quer uma rosa ou uma rose?
Olha, ouve só a sirene da ambulância
ela vem pegar você uááá uááá
Eu fico triste olhando as violetas desse quarto
E o cabrito? E o cabrito como é que faz?
Bééé bééé
E o boi faz miúú miúú
E o gato miau miau
E o cachorrinho?
Au au au
E o ser humano?
O ser humano faz créacatal créacatal
Você tem visto demais televisão, Stella,
você tem visto demais televisão
Ai, meu Deus, "O mistério do crime"
Mas a telenovela é a educação sentimental
da classe média nacional
Eu não quero mais saber,
eu estou com os nervos partidos e destruídos
desde que você viajou para os Estados Unidos
Tá-tá-tá-tá
Você reparou como batucada parece
ruído de metralhadora?
Ai, que coisa mais louca
Tudo parece, tudo parece
Tic-bum tic-bum
Voam para o Oriente
todas as sombras
Voam e se deitam no poente
todas as pombas
Piu piu piu)

Musicada por Nelson Jacobina

Encantador de serpentes

Sobe cobra,
a cobra tem que subir.
Sobe cobra,
mas ela não quer subir.

Lá na Índia
todo mundo sabe,
é mandinga do faquir
saber tocar a flauta
e fazer a cobra subir.

Por isso eu toco esta guitarra
e tento conseguir
um jeito, uma manobra
de ver subir a cobra.

ANTIMALDITO • 1985

ANTIMALDITO • 1985

Rock comendo cereja

Tem desejo de amor
até mesmo na flor e na planta.
Tem desejo de amor
até mesmo na flor e na planta.

E na voz de quem fala
e na voz de quem canta.
E na voz de quem fala
e na voz de quem canta.

Seja como seja
é tão bom quando você me beija.
Seja como seja
é tão bom quando você me beija.

Beijo seus olhos caídos
por entre as latas de cerveja.
(Baby) Beijo seus olhos caídos
por entre as latas de cerveja.

Piso na sombra às vezes
quando quero que ninguém me veja.
Piso na sombra às vezes
quando quero que ninguém me veja.

Volto pro meu quarto à meia-noite
fico sozinho, ouço rock comendo cereja.
(Com'on, baby) Volto pro meu quarto à meia-noite
fico sozinho, ouço rock comendo cereja.

São pirilampos as luzes
dentro desse apartamento.
São pirilampos as luzes
dentro desse apartamento.

Viva a vida querida
Aqui, agora, nesse momento (Aleluia!)
Viva a vida querida
Aqui, agora, nesse momento
Aqui, agora, nesse momento (Adonai!)
Aqui, agora, nesse momento (Hosana!)
Aqui, agora, nesse momento (Saravá!)
Aqui, agora, nesse momento (Axé-kolofé!)

Musicada por Nelson Jacobina

Cachorro louco

Um relâmpago dourado
rasgou o céu do gibi.
E eu fiquei todo chamuscado
quando o relâmpago bateu aqui,
na minha calça Lee.

E depois o Homem-Aranha,
na página dois do mesmo gibi,
me agarrou e quis saber por que (ora, vejam só!)
a história dele tão depressa eu li.
Eu então... sorri: Ah! Ah! Hi! Hi!

Estas coisas somente acontecem (podem crer!)
muito de vez em quando.
É preciso ser noite de lua cheia,
é preciso ter (pelo menos um) lobisomem chorando,
é preciso ser o mês de agosto.
(Mas por que o mês de agosto?
Ora, eu já lhe expliquei: é o mês do cachorro louco!)

E é pra chamar esse feitiço (quizumba que vem da macumba!)
Que eu canto (canto) até ficar bem louco
muito louco, pouco a pouco
muito louco, mucho loco!

Úúúúú Aúaúaúaú Aúúúú

E depois o Tio Patinhas (do Fundo Monetário Internacional)
não me emprestou nenhum dinheiro.
(Nem dólares, nem rublos, nem cruzeiros!)
De que eu tanto precisava
(Pra quê? Ora pra quê! Mistério do Terceiro Mundo!)
pra comprar o meu pandeiro
pra usar em fevereiro!

E depois o Zé Carioca
meu amigo, meu vizinho
me pagou um cafezinho.
E assobiou o samba do Noel Rosa
(Quem nasce lá na Vila)
assobiou o samba todinho,
assobiou o samba certinho.

Estas coisas só acontecem (podem crer!)
muito de vez em quando. (Por quê? Ora, porque)
É preciso ser noite de lua cheia,
é preciso ter (pelo menos um) lobisomem chorando,
é preciso ser o mês de agosto.
(Por quê? Será que é porque é o mês em que Getulio se suicidou?
Não! É porque é o mês do cachorro louco!)

E é pra chamar esse feitiço
que eu canto, canto até ficar bem louco
mucho loco, pouco a pouco
gradativamente mucho loco, mucho loco.

Úúúúú Aúaúaúaú Aúúúú

Zona fantasma

(Era meia-noite.
Olhei ao meu redor e vi a sombra do vulto de Zaratustra
              [passando. Zaratustra, a ponte para o Super-Homem.
Sim, mas nós não queremos este Super-Homem.
Nós queremos apenas o humano.
O demasiadamente humano, mergulhando até as lamas da
                              [condição humana.)

Estou na lona,
sou quase um ectoplasma
prisioneiro da Zona Fantasma.

Ah, ah, ah, ah, ah, ah
Ah, ah, ah, ah, ah, ah
Ah, ah, ah, ah, ah, ah
Ah, ah, ah, ah, ah, ah

Onde os condenados sabem de tudo,
mas não podem interferir em nada, de nada.

Mas que situação aflita (uh!)
mas que situação maldita (uh!)
ficar eternamente exposto aos raios dessa Kriptonita!

Fomos condenados, fomos banidos lá da Terra.
Fomos tratados como bandidos e criminosos bestiais.
Só porque somos humanos, demasiadamente humanos.
Humanos, humanos demais.

Musicada por Nelson Jacobina

Fado do gatinho

Montado no Minotauro
ao lado de um centauro
dentro de uma nuvem de éter
de um lança-perfume
de um antigo Carnaval.

Aí vem piscando os olhinhos
como só fazem os gatinhos,
este meu gatinho que faz miau, miau.

Pois, pois, que faça miau
de gatinho que só faz miau, miau, miau
ou que faz então rom, rom, rom, rom
de um leãozinho leão
daquela outra canção,
a do Caetano Veloso,
mano maravilhoso
do meu coração.

Mas eis que vem pisando
com seus pezitos delicados
as telhas vermelhas dos meus pecados
com jeitinho de mau,
este meu gatinho felino
gatinho ladino, com cara de pau.

Mas que venha a terceira
ou a quarta, a quinta guerra mundial nuclear atômica
e que usem a esmo até mesmo
(maldita sejas por toda a eternidade dos séculos!)
a tal bomba de nêutron,
continuarei beijando sua boca (juro!)

Índios tupy-guarany

Os índios tupy-guarany passeavam por aqui,
os índios tupy-guarany passeavam por aqui.

Com cocares e oferendas para a deusa da Guanabara,
com cocares e oferendas para a deusa da Guanabara.

Você quer um pouco de cauim?
Meu bem, eu quero sim!
Você quer um pouco de cauim?
Ah, meu bem, eu quero sim!

Eles vinham por aqui, toda manhã,
eles vinham por aqui, toda manhã.

Cantar para Jacy e dançar para Tupã.
Cantar para Jacy e dançar para Tupã.

Mas isso aqui já era um lugar sagrado
muito antes do Cristo Corcovado!
Mas isso aqui já era um lugar sagrado
muito antes do Cristo Corcovado!

La Ra La La La
La Ra La La
(Na poruca, na poruca)

La Ra La La La
La Ra La La

Que chuva é essa que não para?
Choveu milhões de anos na Guanabara!
Que chuva é essa que não para?
Choveu milhões de anos na Guanabara!

Que cai lá do alto, que pinga e respinga
no planalto da Piratininga!
Que cai lá do alto, que pinga e respinga
no planalto da Piratininga!

La Ra La La La
E a vida nasceu das águas do mar.
La Ra La La La
E a vida nasceu das águas do mar.

Se você me pergunta,
Deus nasceu em todo lugar!
Ah, se você me pergunta,
Deus nasceu em todo lugar!
Depois veio um disco voador,
que pousou nas pedras do Arpoador.
Depois veio um disco voador,
que pousou nas pedras do Arpoador.

E radioatividade no subsolo
da Guanabara injetou.
E radioatividade no subsolo
da Guanabara injetou.

Por isso que o carioca
tem esse saudável bom humor!
Por isso que o carioca
tem esse saudável bom humor!

La Ra La La La
(Na poruca)
La Ra La La La

E assim vou andando e assobiando
pra São Salvador!
Assim vou andando, assobiando
pra São Salvador!

Lá pro berço do samba,
lá pra onde tudo começou!
Lá pro berço do samba,
lá pra onde tudo começou!

E logo que eu ali chegar,
vou levar flores para Iemanjá.
E logo que eu ali chegar,
vou levar flores para Iemanjá.

E pedir sua proteção pra mim,
pra você, pra todos nós, em todo lugar!
E pedir sua proteção pra mim,
pra você, pra todos nós, em todo lugar!
E pedir sua proteção pra mim,
pra você, pra todos nós, em todo lugar!

O tataraneto do inseto

Zuníííí...

(Uns transmitem malária,
outros outras doenças.
Mas há uma política de agrotóxicos pelo ar.)
Zuníííí...

Cada inseto tem um neto
tataraneto de outro inseto.
Cada inseto tem um neto
tataraneto de outro inseto.

De acordo com uma lei
estabelecida,
de driblar sempre a morte
com a vida,
cada neto de outro inseto
fica mais forte
tomando inseticida.

(Ele havia nascido de um pântano qualquer,
um belo dia pousou em cima das páginas
do filósofo alemão Nietzsche,
onde o filósofo diz que os fortes
quando tomam veneno,
o veneno só os torna mais fortes.
Ah! Olhou para aquela bela lata de DDT à sua frente
e tomou todo o seu conteúdo num só gole.
Neste dia estouraram-se os neurônios
e eis que nasceu o primeiro Supermosquito

de todas as gerações.
E ele me manda este recado para vocês:

"Canalhas seres humanos, arrependei-vos!
Vós sereis julgados Pelo Tribunal Popular da Frente de Libertação
[Nacional e Universal dos Mosquitos,
sob o meu comando,
acusados de massacres, torturas
e cruéis assassinatos
de milhares de bebês-mosquitos,
mulheres-grávidas-mosquitos,
anciãos-mosquitos...

Canalhas, arrependei-vos!
É chegada a vigésima quinta hora!
Ouvi falar que uma pulga e um piolho estão no mesmo caminho!")
Zunííííí...

Zunííííí...
(Mãe, mãe! Olha o céu de Araraquara,
tá preto de mosquito!
Eu tô com medo, mãe!

Canalhas! Arrependei-vos!)
Zunííííí...

Musicada por Nelson Jacobina

Corações, corações, corações

Mas que emoção celeste
na paixão que tu me deste
oh, oh, oh, coração silvestre.

Mas esse coração silvestre
é um coração também selvagem
oh, oh, oh, coração de bobagem.

Coração de guerra fria,
coração de guerra quente,
coração de mais-valia,
coração de monstro-gente,
com todo o traquejo mundano,
com todo o desejo humano,
teu beijo tem gosto de um beijo
de um marinheiro cubano.

Foi um judeu alemão internacional
quem disse que a religião é o coração
oh, oh, oh, de um mundo sem coração.

(O que era diferente de dizer
que a religião era o ópio do povo,
viva a teologia da libertação!)

Coração de guerra fria,
(Ah, Reagan! Ah, Gorbatchev!)
coração de guerra quente,
(Abaixo os círculos belicistas do mundo!)
coração de mais-valia,

(do *Das Kapital!*)
coração de monstro-gente,
com todo o traquejo mundano,
com todo o desejo humano,
(humano, humano, freudiano!)
teu beijo tem gosto de um beijo
de um marinheiro cubano.

(A bordo do Pátria ou Muerte, sem preconceitos.)

(Karl Marx ao lado do Sigmund Freud
de mãos dadas com Jesus Cristo proclamam:
Corações do mundo todo uni-vos!)

Musicada por Nelson Jacobina

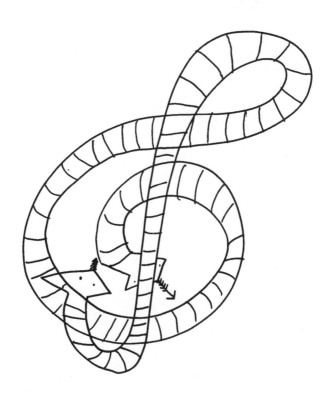

ÁRVORE DA VIDA • 1989

ÁRVORE DA VIDA • 1989

Yeshua Ben Joseph

Sei que existo em plena solidão,
por isso me alisto na escola do perdão.
E da luz que brilha destas páginas,
sinto Jesus, que enxuga minhas lágrimas.

E depois ele pega minha mão
e me leva com seu doce sorriso
para um tempo que fica muito antes,
mas muito antes da expulsão do paraíso.

Sei que existo todas as manhãs
numa eterna, moderna, felicidade
com Jesus Cristo nas bodas de Canaã
para todo o sempre, para toda a eternidade.

Sou o que sou porque sou da legião
dos iluminados e dos escolhidos.
Sou o que sou porque sou da religião
dos humilhados e dos ofendidos.

(Yeshua Ben Joseph, Jesus filho de José
para Leon Trótski foi a primeira revolução da humanidade,
talvez a maior,
pois era a igualdade do homem perante Deus.

Vestido de púrpura no Sermão da Montanha ele disse:
"Amai-vos uns aos outros" e
"Os primeiros serão os últimos, e os últimos serão os primeiros"

Ele ressuscita Lázaro, seu amigo, ressuscita uma menina
e diz "Menina, levanta" em aramaico é: "Talita kume"

Antes de morrer e ressuscitar ele mergulha
na terrível angústia do desespero da derrota
e diz:
"Eli, Eli, lama sabachthani?"
"Pai, pai, por que me abandonaste?"

Ele dizia para perdoar o inimigo,
para amar o inimigo, mas ele também dizia:
"Se alguém fizer mal a um desses pequeninos que me acompanham,
melhor seria que amarrasse uma pedra ao redor do seu pescoço
e se jogasse no fundo do mar".

O Brasil é um país-continente
com 30 milhões de crianças abandonadas.
A maior nação católica do mundo
não estará pecando contra Yeshua Ben Joseph?

Quando ele chegou ao lado da mulher adúltera
enfrentou os linchadores que com pedras nas mãos
queriam linchar de acordo com a leitura
sectária e dogmática da lei mosaica
aquela mulher adúltera.
Ele ficou ao lado dela dentro de um círculo,
e encarando os linchadores disse:
"Atire a primeira pedra aquele que dentre vós nunca pecou".

Adonai, adonai, adonai, adonai.)

Zum-zum

(Trrrrrrrrrrrrimmm!
Alô?
Rá rá rá rá!)

Chove a chuva como antigamente,
lá fora o vento faz zum-zum.
Aqui dentro do apartamento
o tormento vence o amor de dois a um.

Coço o nariz tão nervosamente
esperando o telefone tilintar.
Mas quando responder
eu sei que vou dizer:
é engano, ele não está.

Chove a chuva como antigamente,
lá fora o vento faz zum-zum.
Aqui dentro do apartamento
o tormento vence o amor de três a um.

Coço o nariz tão nervosamente
esperando o telefone tilintar.
(Trrrrrrrrrrrrimmm!)
Mas quando responder
eu sei que vou dizer:
é engano, ele não está.

Depois ficarei gargalhando,
gargalhadas pelo ar:
Rá rá rá rá rá rá rá rá!

Podem dizer que isto é loucura,
mas é somente a mais pura
maneira de se amar.
Rá rá rá rá rá rá rá rá!
Ré ré ré ré ré ré ré ré!
Rí rí rí rí rí rí rí rí!
Ró ró ró ró ró ró ró ró!
Rú rú rú rú rú rú rú rú!

Chove a chuva como antigamente,
lá fora o vento faz zum-zum.
Aqui dentro do apartamento
o tormento vence o amor de quatro a um
(já é uma goleada!).

Musicada por Nelson Jacobina

Perspectiva

Gosto de quem gosta
das coisas sem querer prendê-las.
Gosto de quem gosta como eu
de ficar namorando, ficar se beijando, olhando
para as estrelas.

Assim vou caminhando
por esta vida.
Assim eu vou andando
por esta imensa avenida.
Vivendo não sei bem por quê,
sempre numa grande expectativa, ah!

E avenida em russo quer dizer
perspectiva.
E avenida em russo quer dizer
perspectiva.

Sendo assim eu lhe pergunto
se você não quer ser
a minha avenida, a minha ávida vida,
a minha expectativa, a minha perspectiva.

(Por exemplo,
perspectiva é avenida:
Avenida Nevsky, Perspectiva Nevsky.
Avenida Getulio Vargas, Perspectiva Getulio Vargas.
Avenida Brasil, Perspectiva Brasil.
Avenida Paulista, Perspectiva Paulista.

Glasnost é transparência,
e abertura é perestroika.
Karandash é lápis,
e babushka é vovó.
E camarada,
ah!
camarada é tovaritch.
E paz,
paz é mir mir mir.)

(Para a rua, tambores e poetas!
Ainda há palavras lindas!
URSS,
União das Repúblicas Socialistas Soviéticas.

Ó tu, União Soviética, Cristo entre as nações!

Para o júbilo, o planeta ainda está imaturo
é preciso arrancar alegria lá do futuro!

Morrer nesta vida não é difícil,
o difícil é a vida e seu ofício.

E nos demais, todo mundo sabe,
o coração tem moradia certa
fica aqui, bem no meio do peito.
Mas é que comigo
a anatomia ficou louca.
E sou todo, todo, todo, mas todo
coração).

Menino carnavalesco

Menino carnavalesco,
menino grotesco.
Que tem os lábios inchados
de tanto apanhar do papai.

Chegará o dia
em que você
terá os lábios inchados,
mas é de tanto beijar.

E quando aquela mulher
que tem mais idade que você,
mas que tanto te ama vier,
você que nada reclama,
perderá os lábios seus
pois eles de tanto beijar então
vão se evaporar.

Árvore da vida

Procuro o predileto bem do bem-querer
no obscuro objeto pra ser do prazer

Na floresta do som e de zum-zum,
nessa festa de bombom e de bum-bum.

Se aqui se nasce, se aqui se morre
então me abrace, mesmo no porre.

E no passe do impasse,
quem sabe nada passe
nem se acabe mas renasce,
como se a vida gritasse, ah!

A um desejo sempre se sucede um outro desejo,
assim como um beijo
sempre pede outro beijo.

(A carne é triste,
e eu já li todos os livros.
Mas ouve, oh! minha alma, como é linda
a canção dos marinheiros!)

(Cinza é toda a teoria.
Mas verde, meu amigo,
é a cor da árvore da vida.)

Musicada por Nelson Jacobina

PEDRA BRUTA • 1995

PEDRA BRUTA • 1993

Os marcianos

Os marcianos estão aqui,
e eu só falo porque eu vi.

E a tristeza que eles têm,
a gente tem também.

O cavaleiro alado,
em seu cavalo que é de fogo,
pelo céu cavalgou e veio anunciar
que o mundo novo já chegou.

E as crianças abandonadas
será que ainda serão abandonadas
lá pelo ano 2000?
Oh, Meu Deus, o que será
das crianças do meu Brasil?

Tem o Dom Quixote que é de La Mancha,
e tem o pixote que é uma mancha
na consciência nacional.
Mas eu vou parando por aqui,
ao som e ao toque do berimbau.

(O unicórnio verde cavalgava por entre estrelas,
suas patas eram diamantes faiscantes.
Lá ao longe, dentro da floresta amazônica
o unicórnio alado celestial viu
as araras, o tamanduá-bandeira e o boto cor-de-rosa,
que o saudou com prenúncio de alegria cósmica.

Lá no fundo do oceano,
uma estrela do mar bem pequenina,
amiga dos peixes e dos caramujos,
estabelecia um namoro astral através de ondas telepáticas
com outra estrela.
Só que uma estrela lá do céu,
aquela mais brilhante da constelação do Cruzeiro do Sul.

O saci-pererê,
que sorriu para o curupira,
e ficou na mata afagando as costas da mula sem cabeça,
que com seu pescoço cuspidor de fogo
estava gargalhando e tramando entre chamas e labaredas infernais,
que saíam do seu pescoço de mula sem cabeça.
Ali, bem ali, no meio da mata verde-esmeralda do país-continente,
uma nova e incrível travessia.)

Chuva de estrelas

Foi reencontrada a eternidade,
e ela é o mar misturado ao sol.
Foi reencontrada a eternidade,
e ela é o mar misturado ao sol.

E quando vejo esta chuva de estrelas,
aí me dá uma vontade de comê-las e de bebê-las.
E quando vejo o desejo do seu beijo,
aí me dá outro desejo,
no qual como um mar tropical eu velejo.

E tudo vai assim, tudo numa muito boa
pelas noites de cetim ou pelas noites de garoa!
E tudo vai assim, tudo numa muito boa
Pelas noites de Bombaim, ou pelas noites de Lisboa!

Ha, ha, ha

Ha, Ha, Ha
He, He, He
Hi, Hi, Hi
Ho, Ho, Ho
Hu, Hu, Hu

O ser é sozinho, mais só que a solidão
é arrastar até o fim do caminho
os cristais do nó da aflição.
É arrastar até o fim do caminho
os cristais do nó da aflição.

Ha, Ha, Ha
He, He, He
Hi, Hi, Hi
Ho, Ho, Ho
Hu, Hu, Hu

Faíscas e desejos, relâmpagos com seus trovões,
pistas das conquistas dos desejos,
dos seus, dos meus beijos, nos pântanos dos corações.
Pistas das conquistas dos desejos,
dos seus, dos meus beijos, nos pântanos dos corações.

Ha, Ha, Ha
He, He, He
Hi, Hi, Hi
Ho, Ho, Ho
Hu, Hu, Hu

Perdido nas brumas do tempo relembro aqui e acolá,
longas horas de dor e lamento e segundos de um gargalhar.
Longas horas de dor e lamento e segundos de um gargalhar.

Ha, Ha, Ha
He, He, He
Hi, Hi, Hi
Ho, Ho, Ho
Hu, Hu, Hu

Pedra bruta

A pessoa bruta não liga pra nuance das coisas,
por onde ela passa ela arrebenta.
Pois ela é uma pedra em movimento,
que se move com o tempo e que se movimenta.

E a pedra que rola pela vida vai rolando,
e ao rolar aos pouquinhos ela se fragmenta.
Ela rola e se esfola e vai se erodindo
e vão surgindo grãos de areia a seus pés.

Podem chamar isso de experiência de vida
de erosões, iluminações e de axés.
Mas eis que de repente quem era a pedra bruta,
virou a própria flor do amor em forma absoluta.

Por isso que eu digo que essa vida vai nos levando
e ao levar ela nos leva, nos eleva e vai nos transformando.

Ê ê ê ê ê ê
Ô ô ô ô ô ô
Eu aprendi a ler no ABC do amor.

Ê ê ê ê ê ê
Ô ô ô ô ô ô
Pra onde for você, é pra lá que eu vou.

Canto do sabiá

Eu venho de tão longe
que a saudade me aperta.
Lá onde em vez de som das buzinas,
é o galo quem me desperta
com seu cocoricó, com seu cacarejar.

Ah! Eu vivo tão só, dá vontade de chorar.
Ah! Eu vivo tão só, dá vontade de voltar.

Pra minha terra que tem
o canto do sabiá.
Pra minha terra que tem
o meu amor que Deus dará.

Quando eu olho para aquele riacho
que vem do rio das mágoas,
quando eu olho eu sempre acho
o teu olhar naquelas águas.

Bumba meu boi de Beijing

Cantem comigo de uma vez
a nova canção do mandarim
que é mágico de um circo chinês
que é um fu-manchu lá de Beijing.

Jovem como Peter Pan
porque faz tai chi chuan.
Jovem como Peter Pan
porque faz tai chi chuan.

Cai a chuva em Hong Kong,
cai também lá em Shanghai.
Parecem bolas de pingue-pongue,
as gotas dessa chuva quando cai.

Vamos cantando assim
o bumba meu boi de Beijing
Vamos cantando assim
o bumba meu boi de Beijing

Os coolies puxavam riquixás
puxavam, puxavam bem demais.
Jogavam, jogavam futebol (gol do Pelé!)
gostavam de teatro besteirol.

E a mensagem final
é o caminho do Tao.
E a mensagem final
é o caminho do Tao.
(E Lao Tsé com muito axé!)

ESTILHAÇOS DE PAIXÃO • 1996

ESTILHAÇOS DE PAIXÃO • 1996

Estilhaços de paixão

Essa vida me deu
uma louca paixão.
Que devora e que sangra
o meu coração.

É a chuva que cai,
é o vento que vai
para nenhum lugar.
E eu lembro meu pai,
e eu só quero amar.

Mas o amor que eu tenho
eu não posso dar.
Porque o alguém que eu amo
não quer me amar.

É a velha história,
tão sem graça e sem glória,
eu te amo e você não.
Vai ver tudo é falta
falta de ocasião.

Mas a vida é assim,
o que se há de fazer.
E a morte ela vem
e você há de ver.
Que seremos um só,
E seremos um pó.
Eu só quero dizer
que o tempo que corre,
não se pode perder.

E o tempo ele corre
depressa demais.
E uma angústia tão velha
o tempo me traz.

Um alguém por aqui,
um alguém por ali,
outro alguém acolá.
Mas você que eu quero
só você não está.

A vingança é a origem das leis

(Estamos na antiga Babilônia pagã,
há um grande alvoroço.
Porque acabou de ser decretado o primeiro
código da humanidade, o Código Hamurabi,
que tenta pela primeira vez trazer justiça para
a chamada horda humana,
ou seria melhor chamá-la de horda desumana?)

Olho por olho,
dente por dente.
Dente por dente,
olho por olho.

A vingança é a origem das leis,
é das leis a primeiríssima.
Porque inaugura a procura do equilíbrio,
que é o outro nome da justiça.
Porque inaugura a procura do equilíbrio,
que é o outro nome da justiça.

Em termos acústicos e musicais
ela é a harmonia.
Que por outro lado também é deusa,
que se chama justamente deusa Harmonia.

E no entanto esta tataravó das leis
é tão arcaica que com o passar do tempo
transfigurou-se em monstro,
portal do demônio da vingança.

Filha predileta e terrível
das Erínias, que clamam por sangue.
Filha predileta e terrível
das Erínias, que clamam por sangue.
Irmã mais idosa dos crimes posteriores.
Irmã mais idosa dos crimes posteriores.
Oh! ciclo do eterno retorno
e do terrível.

(E como disse Alexandre Rousselin,
um dos membros da facção de Hébert,
líder dos Enragés,
durante a fase do Terror da Revolução Francesa:
"A vingança é a única fonte de liberdade,
a única Deusa a quem devemos oferecer sacrifícios".

E como disse o poeta Nicolau Bello:
"Sou contra todas as leis, a começar
pela lei da gravidade".)

Musicada por Nelson Jacobina

Sirene da ambulância

("E a noite de verão caiu
como se fosse um doente
narcotizado de éter
em cima da cama do hospital." T.S. Eliot)

Pela noite ela avança
com seu gemido de criança.
É como uma ponta de lança,
é a sirene da ambulância.

Levando o meu coração
narcotizado pro hospital da esperança.
Levando o meu coração
narcotizado pro hospital da esperança.

Vivendo sem grilo

Você me pergunta
das coisas que eu gosto.
Eu faço o que sinto
e brinco e brinco.

Depois eu me encosto
na areia da praia
e o sol ainda brilha
às cinco pras cinco.

E a casa de Deus não tem porta nem trinco
então eu pego o meu violino
e tiro um som tranquilo, tranquilo.
Assim vou vivendo sem grilo.

(Na casa de Deus onde não tem porta nem trinco,
todos, todos — de qualquer religião, qualquer sexo, qualquer
credo, qualquer raça — serão bem recebidos.
Porque lá na casa de Deus, todos já estão de
antemão perdoados e amados por toda a eternidade.
E como diz meu amigo Chico Anísio:
"Podem ficar à vontade!".)

Olhos de raposa

Olhar pra mim de frente
você não ousa.
Olhar pra mim de frente
você não ousa.

Teus olhos, meu amor,
são olhos de raposa.
Teus olhos, meu amor,
são olhos de raposa.

Olhos de quem caça
e às vezes foge do caçador.
Olhos de quem caça
e às vezes foge do caçador.

É o animal que me abraça
é o animal que me beijou.

Canto do espanto

Eu canto neste canto o espanto
espanto e enxugo o pranto
e me vejo iluminado
pelo inesperado, inesperado.

Que de repente inesperadamente
invadiu a minha mente
introduzindo os brilhos na negrura
tão escura da minha solidão,
da minha solidão.

Como se fossem trilhos estes brilhos
trilhos estes brilhos
da força da beleza primitiva
nativa, lasciva
que motiva a locomotiva do meu coração,
do meu coração.
do meu coração.
do meu coração.

Musicada por Nelson Jacobina

Alcaçuz

És a pimenta e o alcaçuz,
a tormenta e os dias mais azuis.
És o fogo e a água,
o eterno jogo do amor e da mágoa.

És o doce e o amargo,
mas fosse como fosse,
mesmo não tendo você
não te largo.

Musicada por Nelson Jacobina

Samba da gilete

Todo caso vem do acaso
e se repete.
E a verdade sempre tem
os dois lados da gilete.
Mas todo caso vem do acaso
e se repete.
E a verdade sempre tem
os dois lados da gilete.

O jornal saiu
em todo o Brasil
com aquela dura manchete.
Era o destino, era a sina,
a voz do sino quem nos ensina
que Deus perdoa gente má e gente boa.
E é por isso que eu consigo apesar de tudo
não ficar mudo
e topar falar contigo
sobre o fato horroroso
de ver o seu retrato
ao lado de um medonho rato
saído do crime ou do inferno
rato metido num terno, e você ao lado
fotografado, engravatado,
num triste papel de subvedete
envolvido no assassinato da Suzete.

Musicada por Nelson Jacobina

EU NÃO PEÇO DESCULPA • 2002

EU NÃO PEÇO DESCULPA • 2002

Todo errado

Eu não peço desculpa
e nem peço perdão.
Não, não é minha culpa
essa minha obsessão.

Já não aguento mais
ver o meu coração
como um vermelho balão
rolando e sangrando,
chutado pelo chão.

Psicótico,
neurótico,
todo errado.
Só porque eu quero alguém
que fique vinte e quatro horas do meu lado,
no meu coração eternamente colado,
no meu coração eternamente colado.

Manjar de reis

Tu és manjar de reis
dos mais finos canapés
mas agora é minha vez
de te fazer mil cafunés.

Quero a tua nudez
da cabeça aos pés
quero que sem timidez
tu chupes picolés,
quero que tu me dês
tudo que tu és.

Quero que tu me dês
tudo que tu és.

Musicada por Nelson Jacobina

Tarado

Gosto de ficar na praia deitado
com a cabeça no travesseiro de areia
olhando coxas gostosas por todo lado
das mais lindas garotas, também das mais feias.

Porque são todas gostosas e sereias
pro meu olhar de supremo tarado.

Musicada por Caetano Veloso

Urge Dracon

Urge Dracon!
Ave Cesar!
Urge Dracon!
Ave Cesar!

Magnificus, supremus, augustus.
Divinus, superbus, vitalicius.

Professor, diktator, imperator.
Professor, diktator, imperator.
Evoé colofé!

Salve o nosso guia
pro que der e o que vier.
Salve o nosso guia
Jorge Mautner.

(Ou o mundo se brasilifica
ou vira nazista.
Jesus de Nazaré
e os tambores do candomblé.)

Coisa assassina

Se tá tudo dominado pelo amor
então vai tudo bem, agora
se tá tudo dominado, quer dizer, drogado
então vai tudo pro além
antes da hora, antes da hora.

Maldita seja essa coisa assassina
que se vende em quase toda esquina
e que passa por crença, ideologia, cultura, esporte
e no entanto é só doença, monotonia da loucura e morte.

Letra escrita em parceria com Gilberto Gil e musicada por ele

Homem-bomba

Lá vem o homem-bomba
que não tem medo algum,
porque daqui a pouco
vai virar egun.

Mas até lá, mata um, mata dois
mata mais de um bilhão
não vai deixar sobrar nenhum.

Mas eu sou contra essa ideologia da agonia
sou a favor do investimento
pra acabar com a pobreza.
Sou pelo estudo e o trabalho em harmonia
o amor e o Cristo Redentor,
poesia na democracia.

Letra escrita em parceria com Caetano Veloso e musicada por ele

Doidão

Eu sou doidão, eu sou doidão
eu sou doidão, doidão, doidão
mas tenho bom coração.

Bão-ba-la-lão, bão-ba-la-lão

Ah, me esqueci do resto da canção
que papelão.

Morre-se assim

No meio das névoas e mergulhado na melancolia,
ao lado de tristes ciprestes, ajoelhado
derramando quentes lágrimas de saudade
perante o túmulo da minha amada.

Morre-se assim
como se faz um atchim
e de supetão
lá vem o rabecão.

Não não não não não não não
Sim sim sim sim sim sim sim
mas porém contudo todavia
no entanto outrossim.

(Uma bala perdida desferida na rua dos paqueradores
                              [de travesti voou
e foi alojar-se no crânio de uma velha senhora que lia
                  [com fervor a sua Bíblia lá no Morumbi.)

(No cemitério, pra se viver é preciso primeiro falecer.
Os vivos são governados pelos mortos.
Que nada, os vivos são governados pelos mais vivos ainda.
E do cemitério em Évora, "nós os ossos esperamos pelos
                                        [vossos".)

Musicada por Nelson Jacobina

Graça divina

Ao seguir aquele vulto
que percorria o labirinto,
descobri que era eu mesmo oculto
dentro das coisas que sinto

E que só sei dizer em prosa e verso
e quando as canto, eis que pronto surge
a rosa do universo
que desfila ao meu lado
entre as mãos de um negro anjo alado,
que distribui lá do meio da neblina e da fumaça
a graça que vem de cima e vem de graça
porque é a graça e é divina.

Musicada por Caetano Veloso

REVIRÃO • 2006

REVIRÃO • 2006

Os pais

Os pais, os pais
estão preocupados demais,
com medo que seus filhos caiam nas mãos dos narcomarginais.
Ou então nas mãos dos molestadores sexuais,
e no entanto ao mesmo tempo são a favor das liberdades atuais.

Por isso não acham nada demais
na seminudez de todos os carnavais
e na beleza estonteante e tão natural
da moça que expressa no andar provocante
a força ondulante da sua moral,
amor flutuante acima do bem e do mal.

Por isso não podem fugir do problema,
maior liberdade ou maior repressão,
dilema central dessa tal de civilização.

Aqui no Brasil sob o sol de Ipanema,
na tela do cinema transcendental
mantém-se a moral por um fio,
um fio dental.

Letra escrita em parceria com Gilberto Gil e musicada por ele

Assim já é demais

Assim já é demais, amor
amor, amor.
Mas assim já é demais, amor
amor, amor.

Você vive curtindo e sorrindo para mim
sem jamais dizer palavra,
olhando demais para a lua.

Qual é, qual é, qual é,
qual é a sua!

Você vive com um cão de estimação pela mão
por isso não presta mais nenhuma atenção
aos mil e um toques que eu lhe dou, que o dinheiro se acabou.
Não sou cachorro mas aonde você for eu vou,
porque Cupido meu coração flechou!

Ressurreições

Você foi pela estrada, assim
como quem não vai voltar.
Quem fica é quem chora
até se acabar.
Minhas lágrimas se acabaram,
mas não a vontade de chorar.

Te amei no dia em que te vi
domando um bando de leões.
Domando aquelas feras, conquistando os corações
dizendo que o amor nunca morre porque tem ressurreições.

Sete mil quartos secretos guardam um segredo
só o amor, só o amor pode matar o medo.

Musicada por Nelson Jacobina

Olha só quem passa

Olha só quem passa,
é uma graça, é uma joia.
Pra ter um benzinho assim
bem perto de mim
vou fazer tramoia.

Vou dançar merengue,
vou fazer meu dengue,
vou virar jiboia.
Vou fazer feitiço,
vou fazer despacho.

Porque maravilha assim
não é em qualquer parte do planeta
que eu acho.

Mas que vibrações,
um novo amor nasceu
em nossos corações!

Ao som da Orquestra Imperial

Enlouqueceu
ao tentar satisfazer a todo mundo.
Endoideceu
ao pregar o perdão a cada segundo.
Ensandeceu
e ficou com o olhar tão furibundo.
Adormeceu
e acordou cada vez mais iracundo.
Se convenceu
a não tomar banho e ficou todo imundo.
Estremeceu
ao ver o terror ficou nauseabundo.

Não estava nada bem
estava muito mal.
Mas de repente levantou o seu astral
ficou bom, com seu coração em festa tropical
ao som da Orquestra Imperial.

Musicada por Nelson Jacobina

Nicanor

Pra acabar com o tédio
sei que o único remédio
é tomar banho de sol.

É pegar uma cor,
fazer como o Nicanor
que só pensa em futebol.

Quer ter a cor do rei Zumbi,
nadar no mar de Canaã,
quer jogar no Morumbi
e lá no Maracanã.

Musicada por Nelson Jacobina

O executivo-executor

No meu pensamento primitivo
que não se cansa de pensar,
penso que se o cara é um executivo
ele tem que executar.

Executa um, executa dois depois,
e de uma vez executa três.

E ele vai à luta
com toda força bruta
e com toda consciência
de que só existe a lei da sobrevivência.
de que só existe a lei da sobrevivência.

Estuda economia, história e faz esporte
porque sabe que a supremacia
é a vitória do mais forte.
Faz disso uma ciência
e a gargalhar com a força da natureza
a sua empresa
começa a enxugar.

Enxuga um, enxuga dois depois,
e de uma vez enxuga três!

(Quem pensa o contrário disso é primitivo,
está querendo sonhar,
inventar um novo sistema solar.
Vejam bem, o que houve simplesmente foi
um aumento da população, e ao mesmo tempo
o invento da automação.
Essa é a descrição da situação,
eu não tenho outra opção.

Rá, rá, rá!)

Musicada por Nelson Jacobina

Outros viram

(Walt Whitman, o cantor da democracia universal, disse:
"O Brasil será o vértice da civilização".

Rabindranath Tagore, poeta hindu e profeta, também disse
que o ciclo superior da civilização será do Brasil.

Stefan Zweig refugiou-se do Holocausto no Brasil,
suicidou-se,
mas antes de morrer escreveu *Brasil, país do futuro*.

E Dom Bosco previu uma luz da esperança que brilha,
a fundação da cidade de Brasília.)

O que Walt Whitman viu,
Maiakóvski viu
Outros viram também
que a humanidade vem
renascer no Brasil.

Teddy Roosevelt sentiu
Rabindranath Tagore,
Stefan Zweig viu também.
Todos disseram amém
a essa luz que surgiu.

Roosevelt, que celebrou nossa miscigenação
até considerou como sendo a solução
pro seu próprio país
pra se amalgamar
misturar melting pot feliz,
não conseguiu pois seu Congresso não quis.

Rabindranath Tagore também profetizou
ousou dizer que aqui surgiria um ser do amor
um ser superior, civilização
da paixão, da emoção, da canção.
Terra do samba sim e do eterno perdão.

Maiakóvski ouviu
a sereia do mar
lhe falar de um gentil,
de um povo mais feliz,
que habita esse lugar.

Esta terra do sol,
esta serra do mar.
Esta terra Brasil,
sob este céu de anil,
sob a luz do luar.

Letra escrita em parceria com Gilberto Gil e musicada por ele

Juntei a fome com a vontade de comer

Será um sonho de amor
se você ficar perto de mim,
então podemos supor
que ainda vamos nos beijar
num beijo de amor sem fim.

Será a própria noite da cor do esplendor
se for uma noite assim,
e ainda mais, se ainda tiver no céu
essa lua de mel
da cor do marfim.

Me telefone, quero te ver
juntei a fome com a vontade de comer!

Já são dezoito pras oito,
venha logo que eu estou muito afoito!

Já são dezoito pras oito,
tá na hora de molhar o biscoito!

Musicada por Nelson Jacobina

Kilawea

Assim como o crime não compensa
penso no amor como se fosse uma crença.
Quero que você se convença
que eu sempre serei o que você pensa.

Ensandeço na sua presença,
iluminado pelas labaredas do amor.
Porque o amor é a melhor ideia,
ainda mais um amor como o nosso,
como lava de vulcão,
mais quente que o vulcão de Kilawea.

Musicada por Bartolo

Acúmulo de azul

Deus sempre encontra alguém
que o seu estandarte do bem carregue.
Por isso eu digo amém,
salve, salve Júnior
diretor do AfroReggae

O AfroReggae!

O AfroReggae que faz brilhar no céu
a estrela da esperança e a sua luz.
E a cor negra é um acúmulo de azuis
e os batuques alucinam
e os tambores nos ensinam
as felicidades, aqui no coração.
Saudades de Waly Salomão.

Saudades de Waly Salomão.

(E Jesus de Nazaré disse:
"Aqueles que agirem em meu nome
serão chamados
de pacificadores".)

Musicada por Bem Gil

A história do baião

A história do baião
é a história da nação-emoção.
A história do baião
é a raiz da gente, da fé do axé que é
o país-continente.

da fé do axé que é
o país-continente.

A história do baião
é o canto maior de glória do vaqueiro
que com seu gibão de couro, olho no touro e laço na mão
num abraço protegeu e conduziu a expansão pela nação
do gado brasileiro.
E veio lá do Nordeste, o canto e o encanto que o Brasil todo sentiu
Brasil Sul Leste Norte Oeste, sentiu no entanto
que o baião tem um certo pranto
que parece dizer que o amor sempre vale a pena,
mesmo porque essa dor
do sertão do chão do agreste é o som da luz que
se propaga, som verdadeiro brasileiro
de Luiz Gonzaga a Jackson do Pandeiro.

de Luiz Gonzaga a Jackson do Pandeiro.

Musicada por Ronald Pinheiro

PARA DETONAR A CIDADE • 2014

PARA DETONAR A CIDADE • 2014

Em 1972, Jorge e banda fizeram uma série de shows dos quais saíram as gravações do seu primeiro LP, *Para iluminar a cidade*. Com base em um arquivo da época, o disco *Para detonar a cidade* reúne outras versões das músicas do LP original, acrescidas de músicas até então inéditas. (Nota dos organizadores)

Louca curtição

Teu corpo não tem cor
é paisagem de maravilhas
que tem todas as praias do nosso país
e tem todas as ilhas.

A tristeza cavalga
a minha alma
e através daquele beijo
que você deu em minha boca
você escorreu para dentro de mim
e lá dentro vai ficar
até meu fim.

(*refrão*)
Eu enlouqueço
e eu me esqueço
quando eu olho pra você
eu fico louco
e é por um pouco que eu deixo de morrer.

E eu te peço
não vá embora, não,
fica comigo até o verão.
A gente podia viver na Guanabara
numa louca curtição.

Nos teus olhos eu leio
tristezas tão antigas
que passam como naves
e bandeiras inimigas.

Mas eu sei que você gosta daquele anjo
que te disse que te ama
rolando pelo chão
e eu sozinho no meio da chuva
tentando entender o que diz o trovão.

(*refrão*)

O sol nos teus cabelos
é fogueira e faz cantiga
Em cima dos teus olhos
tem poeira de diamante
No teu braço esquerdo a chuva cai
e no teu braço direito eu vejo ao longe o oceano
E eu escondido atrás daquela pedra
a meditar devagar o quanto eu te amo.

Chave de um perdido paraíso

Você é tudo, tudo, tudo
que eu preciso.
Você é a chave
de um perdido paraíso.
Você é a chuva que chegou
e que regou minha semente.
Você já foi e já voltou
de um longínquo Oriente.

A tua alma foi bordada
no veludo furta-cor
com papoulas e arco-íris
num tapete persa voador.

Você fica voando
bem pro fundo de um continente
onde a gente é só a gente
em faíscas de amor.

Você é tudo que eu pressinto,
você me leva pelo negro labirinto.
Você é tudo, tudo que eu sinto
Você é a estrela e a cor do meu instinto.

Você é tudo, tudo que eu quero
você é meu samba
minha marcha rancho
e meu bolero.

Magic hill

Oh, the golden rainbow dies
under that magic hill
The only thing I wanna know, baby,
is if you love me still.
The only thing I care to know, baby,
is if you love me still.

I wanna sing the blue
that I extract from the stars

You're so, so heavy, baby
c'mon relax on me

Behind this black mountain
there lives a monster, they say
His name is Timbukti
he's so beautiful and gay.

I'm gonna sing the blue
that I extract from the stars

You're so heavy, baby
c'mon relax on me.

Medonho quilombo

Bate o congo, bate o congo
nesse medonho quilombo
Estandartes e bandeiras
tremulam por cima da avenida das Palmeiras

Bate o congo, bate o congo
nesse medonho quilombo

Tem tanto sofrimento
espalhado pelo caminho
Tem marca de sangue na madeira do pelourinho.
Bate o congo, bate o congo
nesse medonho quilombo

Lua enferrujada
eu fumei com meu amigo
o exu de encruzilhada.

Bate o congo, bate o congo
nesse medonho quilombo.

A liberdade que é sua e é minha
nos foi dada pela princesa
que não chegou a ser rainha.

Bate o congo, bate o congo
nesse medonho quilombo
que só tem camundongo

Brilha o cometa no céu
só por um segundo
vem brotando a coisa nova
do chão do Terceiro Mundo.

Bate o congo, bate o congo
nesse medonho quilombo

Salve, salve a Bahia

Subindo e descendo a duna da areia
naquela noite tão feiticeira
você me beijou
só por brincadeira

Salve, salve a Bahia
onde tem a fantasia
sambando e dançando lá no mercado
você tomou um porre danado
e veio contar certas coisas do seu passado.

Salve, salve a Bahia
onde a noite é clara como o dia

Você estudou
num colégio de aplicação
aprendeu tanta coisa
mas não aprendeu
a ter coração

Mas você não chove nem sai de cima
fica chupando a laranja-lima
e eu quero te amar
lá no alto da colina

Salve, salve a Bahia
onde ecoa a sinfonia
Você me falou da seita dos mortos
lá da ilha de Itaparica
minh'alma com a sua
se identifica

Salve, salve a Bahia
e os quindins de dona Maria
É que você estudou
num colégio de aplicação
aprendeu tanta coisa
mas não aprendeu
a ter coração

Maldita noite fosforescente
em que eu quase caí doente
sabendo que você não vem, não vem.

Salve, salve a Bahia
onde a tristeza é alegria

Quero morar onde você mora
porque minha alma chora
você no mar azul da Bahia do sul

Salve, salve a Bahia
onde nasce a poesia
Salve, salve a Bahia
onde tem feitiçaria
Salve, salve a Bahia
onde mora a fantasia.

COMPOSIÇÕES GRAVADAS POR OUTROS INTÉRPRETES

COMPOSIÇÕES GRAVADAS POR OUTROS INTÉRPRETES

The three mushrooms

The first mushroom
makes room for my mind
to get inside the magic room
of Dionysus house.

Time is over,
war is over.
I am safe and sound
I live and love
I drink and eat
I can leap and bound.
Now I am dying all my life away
as well as I am being reborn
day after day

The second mushroom
makes room for my body
to get inside the tragic room
of Dionysus house.

Time is on,
war is all.
I am busy and sad
from mists of pain.
I rise and fall
like an endless rain.
Now I am doing what I have to do
fulfilling all my will of conquest
moon after moon.

The last mushroom
makes room for the unknown.
I get inside the secret room
of an unthinkable house,
in which I feel the grace
in which I get to be the space
from which I see the earth
exploding into a light
that the last mushroom aroused.

The last mushroom.

Atomic mushroom,
atomic mushroom,
atomic mushroom.

Musicada e gravada por Gilberto Gil no álbum Gilberto Gil (*1970*)

Babylon

First time I came to Babylon
I felt so lonely,
I felt so lonely and people came along
to mistreat me
calling me so many, many names in the streets
and I was so shy
that I began to cry.

But now
I am so proud
of whatever should be
cause I have a silver knife
and my lover is Satan's wife
and I don't care
if you don't dare see.
Yes, I don't care
if you don't dare see.

Musicada e gravada por Gilberto Gil no álbum Gilberto Gil *(1970)*

Crazy pop rock

From the city runs electricity in my brains,
from the cars runs gasoline up in my veins.
My blood intoxicated by twenty-seven trips,
my eyes hallucinated by the Holy Ghost I met.

When I talk
I cannot talk,
only gotta sing loud, loud
the crazy pop rock,
only gotta sing loud, loud
the crazy pop rock.

From the city runs electricity in my brains,
from the cars runs gasoline up in my veins.
I'm part of the problem, I'm not the solution,
I'm really the product of city pollution.

From the city runs electricity in my brains,
from the cars runs gasoline up in my veins.
Oh yeah!
Baby, baby, baby, I'm the electric man
come and get a shock, I'm the electric man.

Musicada e gravada por Gilberto Gil no álbum Gilberto Gil (*1970*)

Dia de paz

Que dia lindo,
que dia lindo
que amanheceu.

Que dia lindo,
que dia lindo
que Deus nos deu.

E vamos andando pelo roseiral
como se fosse muito natural
ter tantas flores bem do nosso lado.
E além das flores um cavalo alado
que é uma nuvem branca, nesse céu dourado.

E vamos pisando em raios de sol
e perseguindo nossa sombra azul,
que vai virando uma só nuvem negra
que lá do céu manda flechadas d'água
e então se evapora aquela antiga mágoa.

Musicada por Antonio Adolfo e gravada por Erasmo Carlos no álbum
Banda dos contentes (*1976*)

Pelas capitais

Lá em Maceió você de mim não teve dó
Em Aracaju a coisa virou angu
Já em São Luís a gente foi tão feliz
Em Belém do Pará eu não parei de chorar
Em Belém do Pará eu não parei de chorar
Lá em Manaus vimos que somos bons e maus
E em Teresina acabou-se toda nossa gasolina

Em Salvador, só em Salvador eu conquistei pra sempre o seu amor
Em Salvador, com a ajuda de Xangô, ô ô
Eu conquistei como um rei o seu amor

E lá em Recife foi um disse que me disse
Porém em Natal a coisa ficou legal
Já em João Pessoa nós curtimos numa boa
Mas em Curitiba necas de pitibiriba
Mas em Curitiba necas de pitibiriba

Em Porto Alegre alugamos um casebre
E no Rio de Janeiro acabou-se todo o dinheiro
Belo Horizonte um belo horizonte
Já em Vitória pintou uma outra história
Belo Horizonte um belo horizonte
Já em Vitória pintou uma outra história
E na Pauliceia você pirou da ideia
Em Florianópolis se lembrando de Nilópolis
Já em Campo Grande nosso amor foi muito grande
Mas em Cuiabá você ficou sarará
Mas em Cuiabá você ficou sarará

Lá em Goiânia até cantamos guarânia
Em Brasília foi a hora de abraçar toda a família

Lá em Macapá tomamos muito guaraná
Tantas outras coisas aconteceram por lá
Já em Boa Vista você disse até a vista
Mas em Fortaleza uma poética tristeza
Mas em Fortaleza uma poética tristeza
Em Porto Velho visitamos o Cornélio
Em Rio Branco nos beijamos tanto tanto e no entanto

Letra escrita em parceria com Moraes Moreira, musicada e gravada por ele no álbum Lá vem o Brasil descendo a ladeira *(1979)*

Feras deveras

Deveras, deveras
as mulheres são feras, feras.
Ou então são quimeras,
sonhos risonhos, primaveras.

E os homens de todas as eras
e todas eras,
paqueram nas paqueras.

Rutes, Madalenas
ou Veras.

E sem saber que são perigosas
e não rosas,
mas são panteras.
Essas feras maravilhosas,
essas feras de todas as esferas.

Patrícias, Augustas ou Lanas
São todas tão bacanas, sacanas
Rutes, Madalenas ou Veras.

Musicada e gravada por Robertinho de Recife no álbum
E agora pra vocês... Suingues tropicais (*1979*)

Nightingale (O rouxinol)

I saw a comet in the sky
caught it by the tail.
When I held it in my hand
it was a nightingale.
It was a nightingale.

I was happy and took him home,
he was hurt and so alone.
Water, love and seeds
those were all his needs.
In about a week or so
he was fit to go.

He sang a ting, ling, ling, ling, bird song
A swinging, ling, ling, ling, long melody

He sang a ting, ling, ling, ling rock song
A swinging, ling, ling, ling, long song for me

One day at daybreak
he said good-bye.
He flew up and he was like
a comet in the sky.

A comet in the sky.

*Versão em inglês de Gilberto Gil, musicada e gravada
por ele no álbum* Nightingale *(1979)*

Pégaso azul

Era uma vez, vejam vocês,
um passarinho feio
que não sabia o que era,
nem de onde veio.

Então vivia, vivia a sonhar
em ser o que não era
voando, voando com as asas,
asas da quimera.

Sonhava ser uma gaivota
porque ela é linda
e todo mundo nota.
E naquela de pretensão
queria ser um gavião,
E quando estava feliz, feliz,
ser a misteriosa perdiz.
E vejam, então, que vergonha
quando quis ser
a sagrada cegonha.

E com a vontade esparsa
sonhava ser
uma linda garça.
E num instante de desengano
queria apenas
ser um tucano.
E foi aquele, aquele ti-ti-ti
quando quis ser
um colibri.

Por isso lhe pisaram o calo
e aí então
cantou de galo.

Sonhava com a casa de barro,
a do joão-de-barro,
e ficava triste.
Tão triste assim como tu,
querendo ser
o sinistro urubu.
E quando queria causar estorvo
então imitava
o sombrio corvo.
E até hoje ainda se discute
se é mesmo verdade
que virou abutre.
E quando já estava querendo
aquela paz
dos sabiás
cansado de viver na sombra,
voar, revoar
feito a linda pomba.
E ao sentir a falta
de um grande carinho
então cantava feito um canarinho.
E assim o passarinho feio
quis ser até pombo-correio.

Aí então Deus chegou
e disse pegue as mágoas.
Pegue as mágoas e apague-as,
tenha o orgulho das águias
Deus disse ainda é tudo azul,
e o passarinho feio
virou o cavalo voador,
esse tal de Pégaso.

Pégaso
Pega o Azul

Musicada e gravada por
Moraes Moreira no álbum
Bazar brasileiro (*1980*)

Senhora da noite

Bom dia, senhora da noite
com esse olhar faiscante
seu olhar me hipnotiza,
é alucinante.

Você veio de um sonho antigo
montada num elefante
recém-saída da floresta logo ali
mais adiante.

Eu ando quieto
no meu caminho do silêncio,
às vezes ouço o que penso.
A claridade está nas sombras,
será que são felizes essas pombas
só porque voam quando querem
voar, voar.

Depois nos encontramos
pela avenida das esfinges
onde tu sempre finges que não sabe
quem eu sou, quem eu sou,
quem eu sou.

*Musicada por Nelson Jacobina e gravada por Amelinha
no álbum* Porta secreta *(1980)*

Orquídea negra

(Atenção artilheiro,
três salvas de tiros de canhão
em honra aos mortos da Ilha da Ilusão
durante a última revolução do coração e da paixão!
Apontar a estibordo... Fogo!)

Você é a orquídea negra
que brotou da máquina selvagem
e o anjo do impossível
plantou como nova paisagem.

e o anjo do impossível
plantou como nova paisagem.

Você é a dor do dia a dia,
você é a dor da noite a noite,
você é a flor da agonia,
a chibata, o chicote e o açoite.

você é a flor da agonia,
a chibata, o chicote e o açoite.

Lá fora ecoa a ventania
e os ventos arrastam vendavais
do que foi, do que seria
do que nunca volta jamais.

do que foi, do que seria
do que nunca volta jamais.

Parece até a própria tragédia grega
da mais profunda melancolia,
parece a bandeira negra
da loucura e da pirataria.

parece a bandeira negra
da loucura e da pirataria.

Gravada por Zé Ramalho no álbum Orquídea negra (*1983*)

Viajante

É viajando pelas estradas
Desse nosso, vosso grande país
Eu vou cantando pelas alvoradas
O som tão bom dessa canção que diz:
Ai que saudade, saudade, saudade
Ai que maldade, maldade, maldade
Que vem nas entranhas da beleza
Que só tem nas montanhas da tristeza
Debaixo de um céu todo estrelado
Seus olhos são fogos de artifício
O amor é um ser todo iluminado
Que joga nos jogos da beira do precipício
Assim eu vou pro futuro
De todos os momentos
E eu vou cantar no duro
É no muro dos lamentos
Oi vê, oi vê, oi vê, oi vê
Oi vê, oi vê, oi vê, oi vê
Oh! Deus, vê se vê
Nosso padecer

Gravada por Raimundo Fagner no álbum Palavra de amor (*1983*)

Duas luas

Estou adorando andar pelas ruas
como quem não quer nada.
Debaixo do sol
e debaixo das luas
que são mais de duas.

Porque tem as artificiais
e no mais,
não tem nada mais.

Só a felicidade
como névoa brilhante
em cima da cidade
em paz.

Gravada por Gilberto Gil no álbum Dia Dorin, Noite Neon (*1985*)

Sonho de uma noite de verão

Você é tudo o que eu sonhei,
meu coração,
felicidade é ter você.

Você é um anjo, eu bem sei
que tem a luz
que me seduz
com o supremo dom do veneno
no prazer.

Lá numa noite de verão
eu sonhei que voei no azul
e que quase esbarrei
nas estrelas do Cruzeiro do Sul.

Na beleza da tristeza
refletida em seu olhar,
aprendi a te reconhecer
e até mesmo a te desconhecer,
te perder e te reencontrar
no labirinto de tudo o que sinto.

No sonho, que cantando
vou tentando revelar.

Musicada por Dominguinhos e gravada por Elba Ramalho
no álbum Remexer *(1986)*

Bomba de estrelas

Nem toda nota é o tom
Nem toda luz é acesa
Nem todo belo é beleza
Nem toda pele é vison
Nem toda bala é bombom
Nem todo gato é do mato
Nem todo quieto é pacato
Nem todo mal é varrido

Nem todo quieto é pacato
Nem todo mal é varrido

(Não é
não, não
oh, não)

Nem toda estrada é caminho
Nem todo trilho é do trem
Nem todo longe é além
Nem toda ponta é espinho
Nem todo beijo é carinho
Nem todo talho é um corte
Nem toda estrela é do norte
Nem todo beijo é carinho

Nem toda estrela é do norte
Nem todo beijo é carinho

(Não é
não, não
oh, não)

Nem todo rei é bondoso
Nem todo rico é feliz
Nem todo chão é país
Nem todo sangue é honroso
Nem todo grande é famoso
Nem todo sonho é visão
Nem todo pique é ação
Nem todo mundo é planeta
Nem todo sonho é visão
Nem todo mundo é planeta

Nem todo sonho é visão
Nem todo mundo é planeta

(Não é
não, não
oh, não)

Letra escrita em parceria com Zé Ramalho, musicada e gravada por ele no álbum Cidades & Lendas *(1996)*

Labirinto de Creta

Contrabandearei tudo o que penso
e que sinto
pelo imenso labirinto.

Sem fim maior (ô ô ô) que o labirinto
do Minotauro em Creta.

A lei do amor me arrasta,
essa lei me basta,
essa lei ninguém decreta.

Será que o profeta
sempre prega no deserto?

Eis por que talvez você
nunca esteja aqui por perto.

Mas estas coisas assim
nós nunca jamais
vamos saber ao certo.

Ô ô ô ô
Ô ô ô ô

Musicada por Nelson Jacobina e gravada por Gilberto Gil no álbum
Quanta (*1997*)

Mobatala

Das mais hediondas e aterrorizantes raízes
das dores da escravatura,
surgiu o oposto,
surgiu o contrário.

De gosto itinerário,
como aquela flor do lodo,
mas ao invés das flores de lodo,
que são brancas,
eram corações de cravos, rosas e rubis vermelhos,
pulsantes dentro de corpos negros de ônix azuladas,
de tanto negror da noite infinita.

Estrelada apenas com o brilho das estrelas dos teus olhos
com fulgor de gás neon,
trazendo sussurros de elétrons,
que se avistam daqui.

O trio eletrônico fabrica atômico
adrenalina como um tônico
pra felicidade que vê
toda vertigem e a viagem da velocidade.

Idiota,
segundo os gregos, é aquele que fica parado num canto.

Lá do rio Amazonas vêm os defensores da floresta que nos resta...

Daí se vê, saci-pererê,
daqui odara, a capivara
e no escuro delira o curupira.
E do além vem alguém que pula,
é a mula sem cabeça.

Na terra do candomblé,
sob teto de Oxum e Olorum,
viva Cologé, Odara,
Amém, Mobatala.

É o século XXI,
Mobatala.
Todo o ouro de Oxum,
Mobatala.
É o século XXI,
Mobatala.
Odara, Odara.

Musicada por Da Ghama, Toni Garrido, Bino Farias e Lazão e gravada por Cidade Negra no álbum Enquanto o mundo gira *(2000)*

Tempo sem tempo

Vê se encontra um tempo pra me encontrar
sem contratempo por algum tempo.
O tempo dá voltas e curvas,
o tempo tem revoltas absurdas,
ele é e não é ao mesmo tempo.

Avenida das flores e a ferida das dores,
e só então de sopetão
entro e me adentro no tempo e no vento
e abarco e embarco no barco de Ísis e Osíris.

Sou como a flecha do arco do arco do arco-íris
que despedaça as flores mais coloridas em mil fragmentos,
que passa e de graça distribui amores de cristais
totais, sexuais, celestiais
das feridas, das queridas despedidas
de quem sentiu todos os momentos.

Musicada por José Miguel Wisnik e gravada por ele no álbum Pérolas
aos poucos (*2004*)

Sem medo de assombração

No capoeirão do terreiro do mato
No coração de Monteiro Lobato
Surgem figuras assombradas
Nascidas da escuridão
São figuras encantadas
Sem medo de assombração
Misteriosa vem a Cuca
Que é um pouquinho maluca
Gritando coisas infernais
E quem no escuro delira?
É o curu-curupira
Que tem os dois pés pra trás
Daqui se vê, daqui se vê
O saci-pererê
Daqui se vê, daqui se vê
O saci-pererê

Gravada por Ney Matogrosso para o programa de TV Sítio do Pica-Pau Amarelo (*2005*)

Futurismo

Quando eu penso nas viagens espaciais
E nos amores virtuais
Fico sem saber como fazer pra me convencer

O genoma e os neurônios saltitantes
Clones humanos e implantes
O futuro até parece uma brincadeira delirante

Mas se você quiser meditar no futurismo
E tudo o que deixamos rimar sem se estressar
Parece que perdemos o senso de humanismo
E agora a água pode acabar

"Existem milhões de neurônios em nossos cérebros.
Desses milhões de neurônios, alguns poucos,
só alguns poucos, são neurônios saltitantes.
Conseguem captar as características mais novas
dentro do cérebro da mãe e do pai,
que serão transmitidas aos seus filhos e filhas"

Quando penso nos amores virtuais
Nas maquininhas digitais
Fico sem saber como fazer pra me convencer

O genoma e os neurônios saltitantes
Ficam alegres e falantes
O futuro até parece com uma patada de elefante

E a natureza serve só para combustível
E tudo o que deixamos queimar sem se importar
Parece que perdemos o senso de humanismo
E agora o mundo vai se esquentar

Letra escrita em parceria com Kassin e gravada por ele no álbum
Futurismo (*2007*)

Fala chorando

Lágrimas são páginas
cheias de palavras que você
não pode mais continuar falando.
Porque a memória emudece a tua voz
e então você fala chorando.

Não sei se é meia-noite,
não sei se é meio-dia.
Porque na minha cabeça
tudo gira e rodopia.
Ouço vozes que me dizem
nada tem explicação,
pois até mesmo a dor
também quer ser alegria.

*Musicada por Nelson Jacobina e gravada por Orquestra Imperial no
álbum* Fazendo as pazes com o swing (*2012*)

Ba be bi bo bu

O hábito não faz o monge
Devagar se vai ao longe
Deixa como está para ver como fica
Se você se apressar você se estrumbica
Apressado come cru
Do candomblé veio o axé
E o maracatu
Ba be bi bo bu
Quem hoje é rico pode acabar na bancarrota
Porque na prática a teoria é outra
Tudo é sofrimento
O negócio é gostar de tudo que acontece
Porque tudo que vem também desaparece
Lá vem aquele chato que sempre chega no horário
Não sou contra nem a favor, muito pelo contrário

Letra escrita em parceria com Ruben Jacobina e gravada por Silvia Machete no álbum Suvenir *(2014)*

A consciência do limite

A liberdade é bonita, mas não é infinita!
Eu quero que você acredite, a liberdade é a consciência do limite!
Os erros e os defeitos cotidianos fazem parte dos direitos humanos.
E o coração quer a atitude da inclusão em plenitude das minorias,
das etnias, dos excluídos, humilhados e ofendidos,
da esperança ressuscitada pela inclusão da criança abandonada.

Com sorte iremos concebê-las, as conquistas da morte e das estrelas.
Oh biogenética, oh cibernética, que alegria viver
e a descoberta do outro é puro prazer.

Musicada por José Miguel Wisnik e gravada por Celso Sim no álbum
Tremor essencial *(2014) com participação de Elza Soares*

Medo do escuro

Eu demonstro com a minha voz:
— Uaaaaaaaaargh!
que eu sou um monstro muito feroz.
Não tenho medo de nada, nada, eu juro,
mas eu tenho um ponto fraco
que é ter medo de ficar no escuro.

Quando fico no escuro,
fico apavorado, com medo de assombração.
Sinto calafrio, arrepio e dor no coração.
Deve ser porque, quando eu era criança,
quando eu não me comportava,
meu pai me castigava
me botando num porão.

O que eu mais quero no mundo
é não ter mais medo da escuridão.
Mas pra falar a verdade,
o que eu quero é mudar de atitude!
Me ajude! Me ajude
a sair desta condição e me fazer gostar do negror da noite
e de ficar no meio da escuridão.
É isso que eu mais quero, de todo meu coração!

Gravada por André Frateschi para a trilha sonora do programa de TV
Que bicho te mordeu (*2015*)

Flor artificial

Uma flor artificial no meio de outras naturais
Me chama a atenção por ser tão especial
E as naturais serem reais demais

Um amor mais do que mortal no meio de outros imortais
Me chama a atenção por ser tão especial
E os imortais serem normais demais

"As flores são como amores
em todos os momentos trazem a paz
Dos nascimentos aos casamentos
E nos momentos finais dos funerais"

*Letra escrita em parceria com Jean Kuperman, musicada e gravada
por ele no álbum Oyo, a ser lançado em 2016*

A arca da aliança

Numa noite de luar
Num sonho risonho de verão
Me puxando pela mão
Me arrastando pelo chão
Ela me levou lá, tão malévola
Para me beijar no deserto, num certo lugar
Que descobri ser o mesmo lugar
Aonde me encantei pela negra rainha de Sabá
E a felicidade me deu um abraço
E um sorriso de criança
Enquanto eu sentia a alegria de ser
A parte de um pedaço do pedaço da arca da aliança
Então dei de rir quase a gargalhar
Ao lembrar que também o rei Davi
Ali casou com Betsabá
E como são misteriosas as leis do coração
Desse amor nasceu o rei Salomão

Que embora se explique
de Sabá com Salomão
ter nascido Menelique
que uniu a separação
de onde vem Hailé Selassié,
o leão rastafari de Judá,
que para nos abençoar inspirou Bob Marley...
deu que eu fiquei quase maluco

de enveredar foi nas trincheiras do meu bem
em Pernambuco, em Nova Jerusalém

*Letra escrita em parceria com Jean Kuperman, musicada e gravada
por ele no álbum Oyo, a ser lançado em 2016*

LETRAS INÉDITAS

LETRAS INÉDITAS

Hino da independência
em ressurreição permanente

O mundo não bebe água, não come e nem respira sem o Brasil.
Mas o mais importante é o povo brasileiro,
a quem José Bonifácio de Andrada e Silva, o patriarca da
                              [Independência, em 1823, definiu dizendo:
Diferente dos outros povos e culturas, nós somos a amálgama,
esta amálgama tão difícil de ser feita.
Neste século XXI, para haver a continuação da espécie humana,
o planeta tem que se brasilificar, amalgamar pelo coração.

Isto é muito além do multiculturalismo ou da diversidade
                                                    [cultural,
é um salto de qualidade onde a emoção daquele abraço envolve
                                                    [e comanda
o ser humano na paisagem da suprema tolerância, irmandade
                                                    [e mutirão.
Solidariedade!
O dia a dia da democracia proclama com voz tamanha
os direitos humanos que vieram do Sermão da Montanha.

Nenhum outro país tem este dom nem este som,
nem tem um marechal que é índio e que se chama Rondon,
e que disse matar jamais, morrer se preciso for.
E quem inventou o avião foi mesmo Santos Dumont.

País-continente com muitos nomes cheios de amor
Terra dos Papagaios
Terra dos Relâmpagos
Pindorama
Vera Cruz
Santa Cruz
Brasil

E o século XXI, que felicidade!,
vem com a beleza, riqueza e doçura de Oxum e os ebós
para toda a humanidade e para cada um de todos nós.
Com muito axé,
Jesus de Nazaré
e os tambores do candomblé!

O poeta

O poeta vive o tempo todo
a sua infância,
eterna a cada segundo.
E através da poesia
ele a ressuscita no coração
de todo o mundo.

Eu sou uma criança
que vive explicando
para os adultos
como devem se comportar.
Da onde que vêm e nascem
as emoções primordiais,
que sacodem os nossos nervos
e os nossos corações demais.

(Mistérios de todos os sonhos
que surgem em sinapses de luz
dentro dos meus, dos seus, dos nossos neurônios.
Através do trabalho ganho o meu pão,
através de Deus a eternidade,
e através de você, meu coração,
a mais sublime felicidade.
Será que é algum crime ser tão feliz de verdade?)

Musicada por Glad Azevedo

Ecologia, antiga deusa da harmonia

A cada mês que passa
Nascem no mundo mais sete milhões de bebês
É preciso cada vez mais
Comida para alimentar essa população
Mas as dificuldades existem
Para serem resolvidas
É só através da união do coração de todos nós
Que se encontrará a solução

Oh, século! Oh, cibernética! Que alegria viver!
A ciência e a tecnologia acabaram de criar
A mais nova máquina
De absorver e irradiar a energia solar
Através de lentes especiais
Que aumentam a intensidade
Desses raios tão vitais

Para toda a humanidade
Para todos os animais
Para todos os vegetais
Pois são lentes
Superespeciais

Musicada por Iuri Brito

Sem título

Quando você sorriu
eu vi um raio sair do céu da sua boca.

Depois fomos ao cinema
assistir um filme na terceira dimensão.

Era um filme de terror, pânico e assombração
um susto você levou, minha pipoca foi ao chão.

Mas nós ficamos de mãos dadas
e de repente nasceu
ao mesmo tempo um desejo
em nossos corações.

Ali nasceu nosso primeiro beijo
porque o amor não tem explicação.

Musicada por Iuri Brito e Guilherme Lírio. O verso "um susto você levou, minha pipoca foi ao chão" é de autoria de Yuri Brito e Guilherme Lírio

Berçário das estrelas

As estrelas nascem no berçário das estrelas
que fica lá no alto do topo de uma montanha
feita de nebulosas, gases e poeiras estelares
que ao se aquecerem e se misturarem
através de explosões atômicas e nucleares
vão fabricando as estrelas na mais alta temperatura
e ao nascerem as estrelas vão despencando do alto da montanha
e tudo isso acontece dentro da misteriosa matéria porosa escura
e tudo isso é de beleza tamanha que parece poesia e loucura
e é bom lembrar que existe também a estrela-do-mar
e uma estrela cintilante dentro do coração
de cada um de nós como um diamante a brilhar
por isso não adianta chorar nem ficar triste
é melhor sempre cantar mesmo que seja num único verso
a beleza de tudo, porque tudo que você imaginar existe
em algum lugar do universo!!!!

Ela rebola

Ela rebola pra lá
Ela rebola pra cá
mas pra mim bola ela não dá

Ela rebola pra cá
Ela rebola pra lá
mas bola pra mim eu sei que ela dará

Antes que eu me alucine
Quero dar o meu recado
Ela é sublime
E eu estou apaixonado
Ela é um crime
de um paraíso sem pecado

Musicada por Nelson Jacobina

Noite do meu ódio

Quero ficar sozinho
No redemoinho
Da noite do meu ódio
Quero cuspir fogo, fogo que vai queimar
Com labaredas de lança-chamas
A saudade daquela noite
Daquela cama
Daquele lugar

Quero ficar sozinho com você, um ninho
O fogo não devasta
O fogo nos arrasta
Com labaredas de oceano
A saudade daquele engano
Daquele plano

Letra escrita em parceria com Barbara Ohana

I
SOU O MÉDICO E O MONSTRO

I
SOU O MÉDICO
E O MONSTRO

Nos meus passados mais antigos reluz sempre a mesma cena
[naquela paisagem.
São palmeiras que se repetem ao longo do espaço que é azul e
[infinito ao mesmo tempo.

★

Durmo convulso entre folhas e cadernos,
estou destruindo pequenos pedaços de papel.

★

o que eu digo eu demonstro
sou o médico e o monstro
eu vivo na sombra na praia
a esmo
sou cobaia de mim mesmo

★

Tenho a mania de enxergar tudo
como se fosse a coisa mais linda e bela.
Como, por exemplo, olhando
um velho escarrando da janela
vejo uma gota de luz
resplandecente
caindo no chão
escarrada pelo ancião
porque chorava
e que saiu da boca sorrateiramente
daquele ancião que chorava lágrimas quentes
de saudades do amor do seu coração.

★

Uma coisa, você aí
não me explicou por que eu me
tornei energia pura!!!! Saí
de dentro da matéria mantendo
a minha energia compacta sem
dispersar uma fagulha vivendo
sem as limitações do corpo!!!!
Eu viagem-viajante aeronave!!!!
Eu Marte, eu marciano.

Eu parti no oceano da arte no engano.

★

Sinto a infinita noite da melancolia
caindo sobre mim mesmo durante a luz do dia
provocando essa triste melodia
bem no meio da meia-noite
que apareceu no meio do meu meio-dia.
Como resplandece e quem não se esquece,
como brilha a filha da agonia.
A alma se acalma.
Só guerra sem paz
onde aliás
eu me encontro
desde a meia-noite dentro do meio-dia.

★

Se eu falo em forma de poema
falo um poema agora.
A vida tem um só problema
que é a nossa vigésima quinta hora.

Adoro e moro e habito no infinito
olho do ciclone. Onde não tenho nome
nem sobrenome. Onde tudo se come
e se consome e onde como num esconde-esconde
só eu fico imóvel
e tudo gira ao meu redor
e assim fico lá
pensando e refletindo.
Ah! se o mundo não tivesse inventado o automóvel.

★

não me interessa a coisa imensa
só me interessa o mais pequeno
é que eu vivo na presença
do menino Nazareno
minha vida não é uma epopeia
vivo só no meu cantinho
com Jesus da Galileia
rezando para ele bem baixinho
e através da oração
a minha dor se reduz
e sem mágoa
É como se eu fosse banhado
com a mais doce
alegria dos encantos
do sol do meio-dia
da Bahia de Todos
os Santos ressuscito
no amor da luz de Jesus
que tem a cor de todos os azuis
das águas marinhas!!!!

★

Aquele que fala é macaco.
Aquele que ouve é macaco.
Aquele que canta é macaco.
E aquele que constrói também é.
Macaco, todo mundo sabe,
várias cores tem,
muitas belas pernas, coxas, pés,
raças, caras, covas, pragas, enfim
aquele homem no espaço
naquela nave espaçonave
que vem e vai brincando o que não sei
além da volta da dimensão,
que dimensão?
Trazendo-me a paz
na onda azul espuma
na vela da caravela
a mão do
macaco fez sinistro?
O registro, todo passado
é dele,
é ele,
ele é você,
ele sou eu.

★

Eu li nos jornais: a hora era dos marginais.
Fui acusado em flagrante.

TERNURA-TESÃO-
-TEMOR-LOUCURA-

II

II
TERNURA-TESÃO-
-TEMOR-LOUCURA

Por minha espontânea vontade
sou prisioneiro do amor.
Condenado por toda a eternidade
a viver em prisão domiciliar.

★

Ela é tão bacana
é um abalo.
Ela é tão sacana
que eu me calo.
Bebe cana
pelo gargalo.
É rainha soberana
e eu sou o seu vassalo.
Quando vejo o seu corpo
sempre quero abraçá-lo.
Em seu beijo, eu fico absorto
amando gozando bufando
como se estivesse vivo
mesmo estando morto.

★

Não vou chegar antes nem vou chegar na hora
só vou chegar muito muito depois
quando todo mundo já tiver ido embora
então só vamos restar nós dois
e aí então vai começar a verdadeira festa
feijão com arroz.

★

Gosto de irradiar o amor
mesmo porque seja como for
sempre que a gente se beija
em você eu me encosto
e você faz o que você quer
e eu faço o que eu mais gosto.

★

O mal das mágoas do amor
se dissolve no sal das águas de São Salvador,
na alegria dos cantos e acalantos
da Bahia de Todos os Santos.
Festas e quebrantos.
Ternuras, doçuras, carinhos, batuques
para os Ogãs que com seus truques de fogo e os santos
incendeiam e transformam em cinza todos os momentos,
as lágrimas de todos os tormentos.

Vasos de flores e beijos por todos os cantos.
O amor ao toque do tambor
incendiou com a chama
o gelo das lágrimas,
com todos os instantes de todos os prantos.
Bahia de Todos os Santos.

★

O dia não passa
de uma noite iluminada.
O amor não passa
de uma paixão eternizada.
O coração não passa
de um pandeiro em batucada
e o som mais bonito não passa
da melodia da sua voz que tem a beleza ao infinito.

Uma declaração de amor musical
é esse meu canto que se inspira no seu encanto,
do meu coração que suspira pelo seu beijo.
nesse meu canto caipira e sertanejo.

★

E na neblina
dessa noite tão escura
vou sonhando com
o beijo de quem
procura
na madrugada
o desejo
do amor realizado
num abraço apertado.

★

Ao enfiar
Ao enfiar bem fundo
o punhal no meu peito
ouvi você perguntar
com aquele seu inocente jeito
como é que eu deveria
fazer para

(e morto de falar)

para não sentir
a dor daquele perfeito
golpe de morte e tortura
do nosso amor
e como é que tudo
isto então
deveria ser feito!

★

Vamos tremer na
vara rara e dura e
nua do terror da
dúvida neurótica.
Robotizar o ritual da
ternura-tesão-temor-loucura.

★

Eu queria ser você e por quê? Pelo absurdo do sexo.

★

Meu país distante do passado
me oprime no presente
onde você me deixa agoniado
e minha alma doente demente.

Além de todos os fracassos
você ainda quer mandar nos meus passos?

Uma coisa é pensar na morte cheio de saúde em plena juventude.
Outra coisa é pensar nela na velhice, já bem perto do ataúde.

III
ÀS VEZES A TRISTEZA NOS MERGULHA NA FRIEZA

III
ÀS VEZES A TRISTEZA NOS MERGULHA NA FRIEZA

O que se escuta na
escuridão é apenas o
estampido da noite.

★

nas madrugadas
batucadas abrem
súbitas estradas
de luz em nosso coração

cada nota musical é
uma estrela reluzente
no céu de cada um de nós
espasmos de luz

orgasmos
azuis

★

Os devaneios são como
uma paisagem talvez bucólica
onde o teto da casa desta imaginação
(imagem em ação miragem da
emoção) é um céu destes bem
nublados e cinzentos percorrido
por caminhões de nuvens penugens
que passam lentamente como
se fossem também, no espelho
convexo do espaço paralelo,
flocos de algodão cinza
e cinzentos e embebidos
por algum éter e/ou clorofórmio
com formas de centauros, elefantes,
unicórnios!!!!!!

★

E que distância é esta que
perturba e não perturba ao
mesmo tempo-espaço-espaço-tempo
todos os seres e antisseres????
Não sei

★

Vem esse eco
de um miasma
ectoplasma
Vem o fantasma
de uma lembrança que um dia foi criança
e hoje adulta oculta
secreta dor que avança
(saudade A cidade)
chuva gelada
gostos que dançam
meus devaneios
autores sem freios

★

Tudo é sempre um equilíbrio flutuante.
Tudo é sempre um hoje de um só instante.
A vida é o absurdo determinado
por nossas imaginações
que nascem dos nossos desejos
que se realizam num turbilhão de beijos
e ao mesmo tempo-espaço
calmaria de beleza e harmonia
dentro da dissonância de tudo.
Nascem de faíscas de luz chamadas de sinapses
em nossos neurônios
que determinam nossos sonhos
sejam risonhos ou tristonhos
e às vezes ao concebê-los
não sabemos se são sonhos ou pesadelos.

★

às vezes a tristeza nos mergulha
na frieza

★

eu vi e percebi
tão somente agora
que a gente está aqui
só para ir embora e aí voltar
de vez em quando de quando em vez
pro coração de alguém como recordação
ou então como mistério de uma doce assombração

★

A vida tem coisas tão dela
tem o amor que é tão bonito
e tudo são cenas paralelas
em direção ao infinito
onde mora o beija-flor escondido na folhagem.

Às vezes, perder alguma coisa
é querer perder-se de si mesmo.

★

Era um fio de melodia
que lá de longe se ouvia
de lá onde era meio-dia
começou a voar pelo ar
enrodilhar como se esta melodia
fosse a serpente
oroboros amazônica
me levando
por um labirinto
de folhagens dentro de um denso nevoeiro
e quando finalmente adormeci e depois acordei

vi ao lado
o encordoamento do meu violino
todo arrebentado
a corda do sol
a corda do ré
a corda do mi
e a corda do lá
me entrelaçando
e fiquei a pensar
no maior mistério da vida.
É tudo um enigma
e a solução do enigma
tem que ser outro enigma
maior feito de um amor maior ainda.

De repente as cordas do meu violino se transformaram em

[serpentes
com olhar muito doce
e uma voz ao longe uivava
e era um canto que vinha da floresta amazônica.
Parece-me que era a própria natureza chorando
dizendo: macularam a água da vida e a sua fonte
com a usina de Belo Monte.

Neste instante surgiu o curupira
defensor da floresta amazônica
cantando a canção de Caetano que diz:
a lei há de chegar no coração do Pará.

★

E agora sobrou o nada

VI
AS NAVES ESTELARES MUDARAM DE RUMO

IV
AS NAVES ESTELARES MUDARAM DE RUMO

Segundo. (Primeiro.)

Eu diria que a Via Láctea toda se abateu sobre você e
              [transformou-te em névoa de neblina permanente.
Assim eu diria que camuflado nesta espécie de veste numinosa
                         [miasma plasma
você piscou os olhos na agilidade das antigas panteras de
                              [outras eras
e ao beijar a boca do teu próprio ser clonado
demonstrava clara e concisa a clara e precisa
consciência de sua nova alma matéria luz carne imortais.

★

Os fios dão arrepios elétricos
como os pelos dos fios dos gatos ficam eriçados
como foguetes obeliscos ao cair da tarde apontando para o sol.

Dizem que tem até faíscas mas não é com a ferocidade do big
                              [bang
que Um começou e não começou ao mesmo tempo.
Viagem astronômica, eletricidade eletrônica.

Crimes sofisticados nas páginas amarelas.

★

A filosofia eletrônica
penso-a anatomia anatômica
do cio genético do rio amazônico
do trio elétrico e do trio atômico

Da tragédia grega até a comédia negra
o axé que é e não é
o fim sem fim
da raiz da tara do éter
da manhã trepidante
na qual oh sim oxóssi
vem assim e dispara

> //

diz para alguém como quem dispara
uma flecha de Cupido odara

★

e todos teremos
implantados em nossos neurônios
artefatos os mais pequenos
que determinarão a concretização
sublime de todos os nossos sonhos
plumas penugens
espumas e nuvens
e o bater das asas de uma só borboleta
pode provocar tumultos e vendavais
em todo o nosso e vosso planeta
são as chances das nuances
vibrações das mais sutis
como o voo dos colibris

★

A arte moderna
é o início do espaço atômico
a)
b)
c)
d)

V
TREVAS, BELEZA, FELICIDADE

V
TREVAS, BELEZA, FELICIDADE

Das trevas se fez
a luz e das alturas
das altitudes que
ultrapassam as
negritudes dos buracos
negros, surgiu a 1ª
faísca, que alguns
chamam de big bang
ou a 1ª criação do
universo. Mas há
sempre um eterno
retorno às origens
como quem penetra
nas raízes das vertigens.

O chamado ser humano,
chimpanzé avançado,
brilhou como estrela
nova na aurora da
civilização domesticando
o fogo, pintando as
cavernas onde
morava, domesticou
o cão e inventou a
1ª alavanca máquina
ondulando seus
sons como
quem imanta o
canto e canta
o mantra.

Além disso,
da realidade até
a hiper-realidade
ou da realidade
virtual até a
realidade real
vejo os braços
de Shiva destruindo
e construindo tudo
ao mesmo tempo
espaço ao esmo
do vento.

A chamada terra
firme é terra
inseguríssima
sacudida por
terremotos, maremotos,
vulcões e pelos
choques e antichoques
das chamadas
camadas tectônicas.
Tudo é uma ebulição
permanente dos conflitos
e encontros
onde Heráclito de
Éfeso proclamava
ser a guerra o
pai e a mãe de
todas as coisas.

Da 1ª natureza
natural fabricamos
a 2ª natureza
natural que já
fabrica a 3ª natureza
artificial. É como
se o DNA e o RNA
estivessem numa
dança vertiginosa
desde o começo sem
começo até o fim sem fim.

Entre amor,
tremores e crises,
essa é a pomba
do Espírito Santo
e a outra é
a pomba-gira
que tomba e
se atira que
nem bomba e
delira dentro
dessa simultaneidade
onde só
o azul da
verdade se
instala
como o ser
que porta o
estandarte.

★

Belezas são simetrias,
são como luzes das periferias do ser,
da partícula mais elementar até o gênio que faz criar a bomba
[de hidrogênio
até a eletrólise,
até o eletrocardiograma,
os elementos químicos e magnéticos são seus supremos
[ingredientes.
Da corrente elétrica
do campo elétrico
vem a tormenta eletromagnética
da eletricidade estática
na velocidade matemática
do eletrocardiógrafo que produz o registro chamado
[eletrocardiograma para mostrar as atividades elétricas do
[coração.
É como um todo eletrodo.
Eletroencefalógrafo, será que meu cérebro precisa disso?
O insólito eletrólito e o eletroímã.

A matéria é essencial para a beleza humana mas os números
[não explicam tudo.
O mais são os fractais.
A bateria da escola de samba tem a forma da bateria chamada
[de pilha.
Pela indução eletromagnética, a radiação.
Ondas originadas em corpos elétricos magnéticos que viajam
[no espaço ou no meio material

raios gama
raio X
ultravioleta
infravermelho
micro-ondas
ondas de rádio
ondas da desintegração nuclear
condições eletrônicas profundas
vibrações e torções moleculares
rotações e inversões
tubo de raio X
lâmpada solar
luz elétrica
aquecedores eletrônicos
forma de micro-ondas equipamento de radar
eletronegatividade
como o caos e o cosmos
o começo o meio e o fim
e tudo no entanto ao mesmo tempo
nesses microcosmos e macrocosmos.

Novo olhar se estende
à velocidade de 300 mil quilômetros por segundo
olhando por supertelescópios (ou intertelescópios)
brilhos das galáxias que já nem talvez mais existam
e cuja luz se encontra com algo em nossos olhos somente agora.

Diferentes estados de matéria etérea e concreta
aérea e do elétron da meta.

Estar é o êxtase frenético do arrepio elétrico
na curva da frequência modelada e da consciência ondulada
que cantam o canto do recanto do manto do quanta.

★

A felicidade
é explosão gratuita
de estrelas em explosão de
reação em cadeia atômica renascendo.

A infelicidade (cujo nome
já indica que é uma infeliz
cidade e também uma
infeliz idade)
é a medonha crítica
culpada e ressentida
deste renascer.

E a aparição do grande mistério,
que é parente do grão de areia
de qualquer areia
ou da estrela-do-mar
até mesmo do mar de Copacabana
ou do mar do luar
de lua da nossa imaginação
que às vezes surge como o bloco
de pedra imensa
de presumível,
(tudo aqui é presumível
e terrível)
de granito
geralmente negro
com pingos de azuis e roxos

esgazeados e pincelados
pelos pincéis de algum pintor
louco do espaço/brilhando
num constante e simultâneo
lusco-fusco,
e onde se esconde
e da onde busco o susto
máximo,
que para nós ou alguns de nós
da Terra,
Terra pedaço de estrela semiesfriado,
aparece nos inesperados
universos paralelos do
espanto espantoso
que alguns chamam de Deus

no tempo
ou Deus desconhecido que
até mesmo quando foi pagão
era Zeus
e que até o Stanley Kubrick
colocou em justificada
relevância e destaque
em seu filme *2001 Uma odisseia no espaço.*

É o buraco negro
que como todos os negros
mesmo que não queiram
são mais fortes que os brancos
e que sugam a luz
de todas as estrelas
as velhas as novas
as bebês, adolescentes e adultas,

cometas com suas caudas de gelo
luminoso
quasares nebulosas
minhas ideias brilhantes
que sempre voam para a 4ª dimensão.
E até mesmo a auréola
luminosa dos anjos
e de São Pedro
que por causa disto
desde que foi nomeado
porteiro do céu
fica olhando desconfiado
para o além-céu
para ver se não detecta
(numa paranoia bem judaica
e também justificada
quando se conhece e se supõe que se conhece a
história de Israel)
para ver se não vislumbra
e detecta
a chegada de um magnetizante
buraco negro
e que é muito difícil
de se detectar e vislumbrar
porque além da superforça
negra
que o buraco negro tem
de absorver todas as outras cores
ele usa a sua negritude
para camuflar-se
e como um camaleão
de negrores negros
e negritudes, escuros e

escuridões
desliza pela selva
do aparente nada
do vácuo do universo
que é negra como quadro-negro
das aulas inesquecíveis
do colégio Dante Alighieri.

São Pedro, neste ato
de vigilância desconfiada
muito estranha aliás
para alguém tão próximo
de seu mestre que sempre
pregou a irrupção e a chegada
da pomba do Espírito Santo
a qualquer instante
da ressurreição
dos milagres
do perdão infinito
e do amor absoluto eterno.

São Pedro aí, por causa deste olhar
cauteloso e algo neurótico
faz jus a toda sua história
anterior da 3ª dimensão
aqui na Terra
onde sempre se comportou de maneira ambígua
incoerente.

Era o mais próximo do mestre
e ao mesmo tempo aquele
que o negou três vezes.

Foge de Roma com medo de
ser crucificado e ao fugir
sorrateiramente durante a
noite já se fazendo madrugada
andando pela Via Apia
cada vez mais
feliz por saber que Roma
estava às suas costas
e a cada passo
mais distante
encontra subitamente
vindo em direção contrária
o mestre
do amor
e do impossível.

Pedro se lança aos pés
de Jesus
e pergunta:
Rabi, Rabi, para onde vais?
Ao que Cristo responde sempre
com aquele olhar meigo
sem nenhuma cobrança
sem nenhuma indireta
(coisa que para os anticristãos
é justamente o contrário)
em direção ao pescador
que ele havia transformado
em seu 1º discípulo
e em pescador de homens
em vez de peixes
e fala
com aquela voz das vozes

que para sempre ecoará
em todas as esquinas
de todos os abismos, de todos os sonhos
(mais reais que a realidade):

— Pedro, Pedro, estou
indo para Roma
ser novamente crucificado.

E se pensarmos bem
com a consciência crítica
talvez (mas não me importo) exageradamente carregada
na ênfase e no pensamento,
não fica bem
para o guardião das chaves celestiais
e porteiro sempre democraticamente
sem uniforme de porteiro dos céus
ostentar sem vaidade
(e por isso mesmo com tanta)
um temor desse tipo,
uma atitude ao mesmo tempo
de modéstia, ao olhar desconfiado
para o além-céu,
depois das nuvens que envolvem a Terra
como se fosse extensão natural
quase insinuando ser sagrada
esta sua modéstia
pois era a característica
e a decorrência da atmosfera
e da paisagem modesta do
seu lar modesto
e que ao mesmo tempo era majestoso
de uma outra espécie rara, estranha

de realeza
muito antes do aparecimento
de qualquer dos 1ᵒˢ reis da História
Conhecida e Desconhecida de Todos os Planetas
habitados fora do sistema solar e
claro inclusive o planeta do nosso sistema solar
a nossa querida mãe Terra.

Uma realeza maior
e ao mesmo tempo menor que todas
porque segundo o mestre
os primeiros serão os últimos.

Este buraco negro sugava
mas não ficava nisso.

Este buraco negro sugava e não
dispensava qualquer luz por
menor que fosse (segundo alguns característica democrática)
até mesmo dos vaga-lumes ou pirilampos, como queiram.

Da luz fraquinha e amarelada mas que para mim
na lembrança
é mais forte do que
o meio da luz do Sol
no meio do meio-dia
na minha lembrança.

Luz de lâmpada
    de pilha
    elétrica
que meu inesquecível pai
mais pai do que o pai do Espírito Santo

e do seu filho
(de quem tanto falo
e sem dúvida falaremos)
me deu de presente e
ele me dava tantos presentes
nos dias e noites de verão
de 1953.

Este poema é o meu presente.

IV
PORQUE O ÉTER

VI
PORQUE O ÉTER

todas as revoluções representam
o nada em convulsões.

por que falar nisto? ora porque o éter.

★

fico imaginando
a nuvem de gotas
da chuva de endorfinas
caindo uma por uma
de início como garoa
esparsa, depois
com gotas grossas de
endorfinas, azuis
                    caindo

                        em cima

★

Ele gostava de andar
de bicicleta. Era a sua
roda de Sol, ou melhor,
suas rodas de Sóis.

Certo dia invadiu os
terrenos da lua.

★

Como a sedução
das marés começou
a fazer com que a
lua se despedaçasse
totalmente no ar do
seu próprio luar!!!!!!

Ele escrevia e
escrevia incessantemente
sem jamais conseguir
parar!!!!!!

★

Vai carreiras de minifragmentos
ou faz o que quiser.

★

Eu estou com a saudade mais absoluta deste universo.
Sendo assim, os meus objetivos são os seguintes:

1) Gravar um LP

A NOSSA FIRMA
VII

VII
A NOSSA FIRMA

A nossa firma (de turismo) poderá lhes proporcionar
tanto em quantidade como em qualidade
tanto em originalidade quanto em neotropicalidade
e veja
será mais ou menos assim
isto é
como eu antevejo
e eu vejo e antevejo
que virão multidões de turistas classe A
dos mais VIPs e sofisticados ricos e milionários
de todos os países do chamado Primeiro Mundo
e justamente por serem tão VIPs-sofisticados-ricos-milionários
são todos sádicos e/ou masoquistas
e é porque estão cheios de tédio
e sentindo falta de grandes emoções
que lhes sacudam os nervos
como choques elétricos tropicais
que lhes ofereceremos através das promoções
tanto individuais para casais ou para grupos de quatro
pequenos grupos de excursão sadomasoquística
através desse país-continente chamado Brasil.

★

O dia era verde de tom esmeralda faiscante
isto antes do meio-dia
imagina então como não seria faiscante
verdadeiro incêndio de faíscas verdes
esta paisagem da selva verde-esmeralda do Amazonas.
Meio-dia em ponto e foi exatamente quando os ponteiros
    [luminosos do relógio eletrônico de pulso alemão de Hans Von
                        [Richten marcaram meio-dia em ponto
que a bomba explodiu
e a bomba explodiu naquele auge de luz luminosidade
                                [fulgurância
faíscas de folhas verdes de plantas verdes e verdejantes lá da
                                [selva amazônica
incêndio de verdes esfuziantes que se subdividiam em
                    [arco-íris de tons verdes fosforescentes
brotando incessantes como labaredas de esmeralda
            [borbulhante dos vegetais da floresta das florestas
a floresta que nos resta com flores na testa e atônita
que é a floresta amazônica
e a bomba inaugurou um enorme risco
amarelo-canário-vermelho-rubi
de sangue no ar
encimado por um penacho cinza-negro
de fumaça
em meio a toda essa paisagem de verdes rutilantes faiscando
  [como anúncios de neon verdes no lusco-fusco e bruxuleios de
                                [luzes

verde violeta verde rosa verde negro verde verde verde azul
                              [verde de todos os verdes
parecia que García Lorca gritava lá no meio da selva amazônica
verde que te quiero verde!
e a explosão da bomba além de provocar um risco amarelo
                              [vermelho de fogo
com cor cinza e negra servindo de chapéu ao fogo e formando
                              [a fumaça
em toda essa cor verde predominante nessa paisagem
                              [embriagante
havia explodido e levado para os ares
o que outrora tinha sido uma pequena palhoça de palha
de construção e propriedade indígena da tribo dos ianomâmis.

★

Índios do Xingu
Vingança
Tens o olhar
Favela

★

Foi assassinato no mato.
Foi cortado a gilete.
Foi moído a pau.
Foi reduzido a mingau.
E foi no ato e no fato
citado na manchete o acontecido
e reproduzido no *Jornal Nacional.*

O comentário que se ouviu
sobre o documentário
que se viu em todo o Brasil
foi o seguinte:
foi um acinte.
Foi desovado
como um presunto
o defunto.

Um operário chamado Mário.
Morto, triturado que nem porco,
que nem gado,
no padrão e no esporte
às seis pras seis, no facão e no corte
das leis sem leis
do Esquadrão da Morte.

★

Da maravilhosa loucura
da matéria porosa escura
do buraco negro vem
e nasce a negra energia.
Tudo isso é compreendido
pela nova astronomia.

Essa energia é fundamental
para a harmonia do espaço sideral
mas tudo isso a gente já sabia
por causa da força divina que o samba irradia
batucando por nós essa negra melodia.

★

Desde criança não tinha esperança,
não confiava no professor,
não acreditava no amor,
só confiava no terror.
Virou bandida, vive escondida,
nunca teve bom humor.
Só gosta de um bangue-bangue,
só vibra quando cai muito sangue.
Mesmo assim apesar de tudo
tem lindos lábios de veludo e é linda.
Acredita no perdão do Nosso Senhor,
reza pro seu anjo da guarda com fervor.

Gosta do Brasil, torce para a Seleção,
carrega Jesus em seu coração
mas não compra um fuzil
e faz parte de uma orquestra sinfônica
que tem um som que faz o vento
ao farfalhar as folhas
das árvores da floresta amazônica.

VIII

O SER HUMANO
NASCEU NA ÁFRICA

VIII
O SER HUMANO
NASCEU NA ÁFRICA

O ser humano nasceu na África,
daí se espalhou para todos os lugares.
E viva o rei Zumbi do Quilombo dos Palmares!!!!

"Onde foi que Jesus ensinou sua filosofia?
Foi na Bahia, foi na Bahia!"
Noel Rosa

Miriam em aramaico é Maria.
Miriam de Migdal, Maria Madalena.
Aqui é Miriam Maria de Bethânia.
Ela vem do mais profundo início do teatro de Ésquilo onde as
[falas são cantadas.
Mas é mais atrás, é mais agonal
vem da grande mitologia
da literatura oral de Homero
Hesíodo
dos candomblés
de Dom Sebastião que morreu em Alcácer-Quibir
de cânticos de luz de axé de flores amores que é
Jesus de Nazaré e os tambores do candomblé.

O perfeito equilíbrio simultâneo
quando ela canta ela irradia
entre o esplendor de todos os paganismos
e o esplendor de todos os cristianismos
humanismos democracia anarquismo socialismo pacifista
da Amálgama,
com a qual José Bonifácio nos definiu em 1823 dizendo:
"diferente dos outros povos e culturas, nós somos a Amálgama,
esta Amálgama tão difícil de ser feita".

Quando ela entra no palco transforma o palco em altar
e ao mesmo tempo-espaço em terreiro.
O altar é de Palas Atena
e o terreiro é de Iansã.
Sua presença é um incêndio de paixão que ressuscita o tempo todo
o seu canto nagô que é banto e é o amor
e que em sua voz tão bela e cheia de bem-querer
é Benguela e Gegê,
pra irradiar a instantaneidade da vibração da vida
com todos os entrelaçamentos das dimensões da graça divina
que começa lá na infância
em sua família
lá em Santo Amaro
desta Bahia onde o Brasil começou
e não é à toa
que foi seu irmão Caetano
quem lhe deu o nome
inspirado na música
cantada por Nelson Gonçalves.

Ela é poeta
filósofa
pensadora
ativista social política
pioneira dos feminismos
irradiadora de um conhecimento absorvido
em leituras incessantes
de Fernando Pessoa
dos filósofos
e também não foi à toa
que foi lançada pelo magnífico Vinicius de Moraes
que a trouxe para o Rio de Janeiro.

Ela vive perto de Jorge de Lima
da neurociência
e o que é mais impressionante para mim
é um constante mistério
que ela irradia com seu talento
que é ao mesmo tempo antiquíssimo
e reflete todas as emoções e informações dos ancestrais
e ao mesmo tempo, de novo a simultaneidade,
traz sempre a novidade
é o eternamente novo.
Na verdade são cânticos religiosos
incluindo cânticos das religiões ateias
mas todas anunciando a mensagem
do presente
que arrasta o passado
em direção ao futuro
e se eu fosse resumir
em todas as miríades
de interpretações e composições
de Dorival Caymmi a outros tantos
gênios da cultura brasileira e internacional
eu acho que está no Evangelho de São João em que uma voz anuncia
"Uma criança nasceu entre nós".

Ela tem o expressionismo com um afastamento mediúnico,
ela tem também Villa-Lobos que disse:
"aprendam harmonia e contraponto a fundo e depois esqueçam tudo"
mas o que ela tem é ela mesma e isso se reflete em tudo
em mensagem permanente de ressurreição.
Com Fernando Pessoa
lado a lado com Seu Esteves e a tabacaria
a presença onipresente dos fados imortais.
E aqui eu pergunto:
Nasceram os fados no Brasil?

Amália Rodrigues
a grande fadista portuguesa
canta "De São Paulo de Luanda"
de Capiba:
"minha mãe chorava, kalunga,
e eu cantava, kalunga,
maracatu! Maracatu!
Nação do preto nagô".
Bethânia quando canta
seus cantos também são acalantos
de ninar
de adormecer
a criança que nasceu entre nós
para ela ser feliz
e para morar na felicidade.

Dizem que nossa arte é barroca,
ela é mais do que isso,
é maneirista
e o maneirismo já é quântico.

Sua majestade tem tamanha plenitude que se apresenta com a
                              [mais extrema humildade.
Sua voz ecoa sempre nos batuques em homenagem ao rei
                      [Zumbi do Quilombo dos Palmares
ela ecoa em todos os lugares, e este canto
tem sempre aquela cor azul dos primeiros raios da manhã
que o pintor Fra Angelico captava em seus quadros.
Claro que a primeira luz do azul de anil
assim canta e caminha a rainha
porta-estandarte e porta-bandeira da bandeira brasileira.
A voz do candomblé que irradia
o Sermão da Montanha,
Maria Bethânia.

Eu a conheço há milênios
e me lembro que assistimos juntos
à entrada em Jerusalém
de Jesus de Nazaré montado em seu burrico.

No candomblé existe a árvore Iroko
que é a árvore do tempo
mas no tempo antes do tempo
Orun, o céu e suas estrelas
ou Olorun, seu orixá
habitavam aqui no planeta Terra com nossos ancestrais.
Acontece que de repente
os nossos ancestrais
começaram a tratar Orun e Olorun
com muita falta de respeito.
Alguns usavam a lua como travesseiro
outros chegavam a cuspir e urinar nas estrelas.
Então Orun e Olorun não se queixaram
porque os deuses não se queixam
apenas decidiram
já que a coisa era assim
se afastar do planeta Terra e ir morar lá no alto
onde estão até agora,
no entanto
quando Maria Bethânia canta
Orun, o céu estrelado e
Olorun, seu orixá,
voltam para ficar em nossa presença
e se o espectador prestar bem atenção
perceberá que o sol
a lua
as estrelas
os cometas descem até o chão.

Quando ela para de cantar
Orun e Olorun voltam lá para o alto
para morar no infinito novamente.

★

Vi um nome do ciclone.
Vem do mal vendaval,
tem mania de ventania
o tempo do vento
que monta e que se encontra
no lento contratempo
do tempo e do vento
que vem cem por cento
além do otimismo
e aquém do pessimismo
e que vem no abismo zen,
na luz dos azuis da cruz
de Jesus de Jerusalém
e que tenta e que venta
e que entra e adentra
e precisa voar.
Desliza no ar.
Sereia do mar.
Mas a ressurreição do vento quente é,
na sua antiga versão de azuis,
Marisa, a brisa do mar.

Pura e dura
ditadura do não
que perfura o chão
do ser do furacão.
Exu então
no tufão
é parceiro
é por e com pulsão
do sopro que desliza em cima
do mar e sopra no terreiro,
na copa do coqueiro,
no leste da saudade,
no agreste da feliz felicidade
do ser da tempestade
e que só se acalma e se acalmaria
no pé da palma da alma,
no nó do ebó da alma
da calmaria amada
que lembra a Ave Maria sagrada
em sua cavalgada.

Exu, irmão que fura o cão
e entra no vão do tufão em vão
e assim as coisas vêm e vão.

★

Feitiço vudu.
Fiz isso
pra Omulu. Exu
chamou para apaziguar
Ararô Ararô Iamogibá.

Brilha o brilho dos cristais
no filho e na filha dos casais
de quem trilha o trilho
dos mais altos astrais
que vêm do além
do abismo do budismo zen
como alguém
que feliz diz amém
e ao perdoar
não se humilha,
faz e traz do mar e da ilha
de maravilha
o que faz e traz a paz em Brasília
de leste a oeste,
de norte a sul.

De sul a norte,
de norte a sul
chega o canto da fé
voando pelo céu mais azul
o encanto que se irradiou
sem fel, só puro mel

do acalanto, do axé
do amor de Raul,
de Raul de Xangô.
Adonai, evoé, Kolofé,
Oxalá abençoai
saravá oh meu pai.

★

Bebês e babás
Erês e orixás
Vade retro, Satanás

IX
O REMÉDIO AMARGO DA DEMOCRACIA

IX
O REMÉDIO AMARGO
DA DEMOCRACIA

De acordo com a ciência
os nossos genes
do autodenominado ser humano
têm pouquíssima diferença dos genes de uma minhoca.

Tudo é mergulhado em misteriosa luz etérea
e todos somos filhos e filhas das bactérias.
Há 70 mil anos
por causa de irrupções vulcânicas
nós que já éramos milhões
fomos reduzidos a 600 mil seres humanos
e quase fomos extintos ali
em um final mitológico
de proporções titânicas.

Nossos ancestrais mais recentes
são os bonobos e os chimpanzés.
Dizem que dos bonobos
temos os pacifismos, a amorosidade
porque esses não têm agressividade.
Porém,
somos igualmente aparentados com os chimpanzés
que são agressivos
sanguinários
e podem ser muito cruéis.

Eu não posso dar um passo em falso
tenho que ficar sempre num estado de alerta máximo
para que não ocorra um novo Holocausto.
Sei também que não sou bobo
tenho muito de bonobo,
mas como a vida enfim
é um banzé tresloucado
eu acho que tenho mais
é genética de chimpanzé avançado
irado
invocado.

★

Nada ao extremo, já dizia Solon.
Os extremismos são os extremos venenos dos totalitarismos.
Sábio é ter medida das coisas.
Nem tanto ao mar nem tanto à terra, já dizia Padre Antonio Vieira,
e eu digo: a democracia é sagrada e viva o povo da nação brasileira.

Se a mão que bate também afaga,
aqui se faz, aqui se paga.
A cada dia sua agonia, a cada dia sua aflição.
A democracia se constrói noite e dia, e não só no dia da eleição.
E assim como não existe alegria que não venha do coração,
não existe democracia que não tenha oposição.
Ela vem do Sermão da Montanha de Jesus de Nazaré,

ela precisa de todo nosso carinho e devoção.
Ela é uma eterna criança que precisa de nossa proteção.

Na democracia você deve tratar o próximo como se fosse você
[mesmo.
Não!, você tem que tratar o próximo melhor ainda do que você
[trata a você mesmo.

Tudo que existe, e tem, na realidade
é o amor e sua simultaneidade.

★

Homenagem-colagem
que anuncia na paisagem
e na mensagem da mudança
a chegada da esperança.
É melhor tomar o remédio amargo da democracia
que ver a liberdade falecer na tirania.

★

Vamos na direção da esperança
e da justiça, da liberdade e da harmonia. Da glória de combater
tudo que foi errado e horroroso na história.

Alegria na chegada da ajuda pra valer
que será muito menos cruel do que
o desgosto e o gosto de fazer
o outro sofrer.

★

Os operários estão preocupados

★

1% da população mundial
detém toda a riqueza do mundo.
existem 870 milhões de pessoas
passando fome neste planeta
e bilhões de pessoas vivendo em miséria tremenda
porque ainda não veio a distribuição de renda.

★

As catedrais estavam em
chamas, e ninguém respondia
dentro delas

★

★

Muitas vezes de dia
ou à noite
vejo alguém que já se foi embora para sempre
mas eu o vejo ao meu lado
como se fosse um anjo alado
e nós conversamos como sempre fizemos
e discutimos
com paixão
sobre detalhes
de opiniões
até concluir
que tudo são círculos
dentro de um quadrado.

★

Vem o vazio
mas também a presença mais intensa
de alguém muito maior do que o vazio que vem.

Veio a dor
mas a dor que veio, veio envolta em esplendor.
Veio o peso amargo mas também a leveza da beleza.

Todas as palavras espantadas por causa da sua ausência.
Por causa da sua desaparição
choram todas as flores
uivam todos os violões ao som do véu da coisa divina, o som de
[Nelson Jacobina.

PROSA POÉTICA

A festa dos bichos e/ou
o dia em que os bichos voaram

Musical

PRIMEIRA PARTE

Todos os bichos estavam reunidos numa grande festa para eles. A festa era numa mansão lá na Lagoa, aqui no Rio de Janeiro, e estava sendo promovida pelo dono da casa que era nada mais nada menos que o tamanduá-bandeira.

Os convidados vinham chegando um a um e o primeiro a chegar foi o papagaio. Ele veio cantando:

> Eu sou o papagaio
> amigo da arara
> eu sou aquele que no mês de maio
> inventa e canta coisas para ficar odara
> também dizem que eu só repito
> coisas decoradas
> mas isso é besteira, sou ave brasileira e fico aflito
> quando dizem coisas tão erradas
> a meu respeito pois afinal
> sou papagaio brasileiro e não sou aquele papagaio da piada
> do seu Manoel lá de Portugal
>
> curupacopapapaco
> gosto de vatapá caruru e sou bom de papo. (bis)

Em seguida chegou afoito o bicho-preguiça, que como é de seu costume natural veio bem devagarinho e foi logo se apresentando cantando também devagarinho:

> Eu estou aqui e me chamo bicho-preguiça
> mas a verdade é que sou tão devagar por pura sabedoria
> e quando me movo de galho em galho
> esta noite em festa me enfeitiça, me espanta. Ah,
> [caramba!
> Tenho as unhas compridas
> para abraçar o tronco das árvores
> me contenho para que minhas unhas não machuquem
> [as crianças queridas
> quando dou um abraço mortal fatal tropical e quebro até
> [colunas de mármore!

O tamanduá-bandeira sorriu e mostrou o caminho para a grande varanda que ficava no meio de um jardim particular cheio de coqueiros e palmeiras brasileiras de verdade rodeando um lago azul iluminado por holofotes coloridos e onde se viam pulando mais de duas dúzias de atrevidas, selvagens, perigosas, amazônicas, sangrentas, agressivas: piranhas! Elas pulando contentes mostrando seus dentes arreganhados cantaram em coro uníssono e muito bem ensaiado saudando esta festa linda que ia começar, saudando o dono da casa, o simpaticíssimo e brasileiríssimo anfitrião dono da casa, o tamanduá-bandeira, e finalmente todos os convidados que iam chegando, como se fosse uma espécie de balé com coreografia inventada por elas mesmas, as piranhas do Amazonas:

> Somos as piranhas
> do grande rio mar
> ou seja o rio Amazonas de lendas tão estranhas

e vamos cantar
uma canção em homenagem ao nosso anfitrião
e saudar todos os convidados da festa
animais de boa vontade e celebrar a paz da união
com a estrela da Paz de Jesus bem brilhante na testa!

Hoje prometemos não morder ninguém
nem tirar nenhum sangue
apenas prometemos prazer e muito além
cantar-sambar-namorar-sapatear-nadar-até mesmo
[chorar
de tanto tanto amar alguém, que poderá ser você ou você
[ou você
e sem nenhum bangue-bangue celebrar a paz do Brasil
[universal
sul a norte, leste a oeste, do Amazonas ao Rio Grande do
[Sul,
da Vila Maria até o Mangue!
(breque: sem bangue-bangue, sem sangue!)

Assim iam entrando os vários personagens dessa nossa superópera "Festa brasileira"... A próxima a entrar foi a jaguatirica, que é a nossa onça do mato, ela foi entrando bem dengosa cantando e se apresentando:

Eu sou aquela gata dengosa
sou a prima da onça-pintada
sou a jaguatirica da serra famosa
sou da América Latina uma onça muito aclamada
sou feroz
sou amorosa
como todos nós
terrível e maravilhosa!

Entrou em seguida o jabuti de mãos dadas com a tartaruga-do-mar.

Formavam um par estranho-lindo, iam chegando bem devagarinho (em velocidade igual à do bicho-preguiça) e vinham cantando:

Nós somos o par ideal
caminhamos bem devagar
eu sou o jabuti do mato ela a tartaruga-do-mar
sabemos que a sabedoria ensina
que não adianta correr
devagar se vai ao longe para além e aquém daquela bela
[colina
e o coração tem razão e só quem canta seus males espanta
e a vida é um eterno nascer e morrer e renascer!

De repente todos os animais viram e enxergaram uma asa-delta voando pelos céus. Foi uma gritaria sem fim, gritaria não de medo mas de puro entusiasmo. E vozes dos animais mais afoitos diziam gritando excitados: "Queremos voar!", "Sim, sim! Por que apenas os seres humanos é que podem e sabem voar além das aves e pássaros e insetos com asinhas que Deus lhes deu?".

O urubu, a arara, o papagaio, a ema e a avestruz limitaram-se a sorrir sem dizer nada. Continuaram a comer e a beber os quitutes como se toda aquela gritaria do desejo dos outros animais querendo voar não tivesse nada que ver com eles.

A outra metade tinha medo e repudiava a proposta porque achava que o saci-pererê era gente, isto é: ser humano adulto, e ser humano adulto era muito mau com os animais (pois sempre que podia os escravizava, matava e/ou engaiolava ou botava em jaulas) e também sempre mau com as crianças e plantas que os adultos seres humanos também engaiolavam e botavam em jaulas reais e/ou mentais.

Foi uma sessão de grande tumulto no meio daquela festa. Finalmente ganhou a tese dos que provaram que o saci-pererê não era ser humano, nem ser adulto que engaiolava as crianças e animais. Em seguida antes que alguns animais mudassem de opinião a mula sem cabeça telefonou para o saci-pererê que veio voando fumando seu cachimbinho e ao chegar ele logo foi cantodizendo:

> Cheguei aqui num redemoinho
> trazendo dois erês meus amiguinhos
> ê ê ê ê ê e oi ieieieie
> sou o saci-pererê.
>
> Taí epahê epahê
> Sou o que sou o saci-pererê!
> Eu sei o que vocês querem
> vocês querem é voar
> então eu vou vos dar este talento
> de voar que nem o vento
> na mania da ventania
> com o nome de ciclone
> ou então de furacão
> e na calmaria voar que nem a brisa chamada Maria!
>
> E um dois três
> e olorum agogôs vereis
> oxum nagôs erês!
> doum e dois a dois os reis que são erês
> amigos antigos dos sacis-pererês!

O saci-pererê, junto com seus dois amiguinhos Cosme e Damião e ou então também chamados de Doum e Dois no candomblé, faz uma feitiçaria tipo despacho infantil e cuja letra irracional--misteriosa religiosa é assim:

Trác trác trác trác trec tric
é no plá do plá do plác do plec do plic que se faz
a magia milenar
da harmonia no ar da sinfonia e voar voar revoar!
Um dois três
Olorum agogôs erês!
Doum e os sacis-pererês!
Vamos voar de vez!
Um a um, dois a dois, três a três
doum olorum, agogôs erês
um dois três.

Os animais começaram uma longa discussão sobre por que alguns voavam e por que outros não voavam. A discussão já ia longe quando se ouviu a campainha tocar muito fortemente quatro vezes. Quando o tamanduá-bandeira foi atender este ou estes últimos convidados retardatários ouve um grande e uníssono grito de terror. Todos os animais começaram a correr, a uivar, a chorar, a tremer de medo e a esconder-se atrás dos móveis e lugares mais estranhos (esconderijos naturais) daquela linda mansão propriedade do sr. tamanduá-bandeira.

"Tenho medo! Tenho horror!"

Na realidade quem havia chegado era a mula sem cabeça!
Ela havia chegado em companhia de duas amigas, a anta e a capivara. Estas duas como não eram animais de assombração começaram a falar e a acalmar as demais criaturas da festa que estavam literalmente apavoradas.

"Mas ela não tem cabeça!"
"É, e além disso ainda solta fogo e fumaça pelas ventas!"
"Mas não é nada disso..."

E as duas amigas a anta e a capivara continuavam pacientes em seu trabalho de convencer os outros animais de que apesar de a mula sem cabeça ser animal do outro mundo era a mais inofensiva criatura desta e de qualquer outra terra.

A mula sem cabeça então começou a cantar, a se apresentar:

> Eu sou pra que ninguém se esqueça
> aquela que pula e pulula mesmo sem ter cabeça
> sou a mula sem cabeça!
> Venho com minhas duas amigas uma que me encanta
> [que é a anta
> a outra que é axé e odara que é a capivara
> apesar de eu não ter cabeça
> e soltar fogo pelas ventas
> sou amiga de todos e é bom que não se esqueça
> gosto de dançar de brincar de cantar de pular mas se o jogo
> ficar fogo sou das mais violentas
> mas quando tratada com amizade
> sou a maior amiga e cheia de amor, fé e solidariedade!

Depois desta canção todos se abraçaram e abraçaram a mula sem cabeça e as suas duas amigas, a capivara e a anta. E a partir deste instante voltaram a discutir o fato real de que só os seres humanos além dos animais a quem Deus deu a capacidade de voar é que voavam, e como voavam!

Foi nessa hora que a mula sem cabeça veio com uma ideia salvadora:

"Eu já sei! Eu já sei a solução!", "Qual é? Qual é?", perguntavam os animais afoitos! "Ora é muito simples... é só eu telefonar para o meu amigo o saci-pererê, e ele vem e faz todos voarem!"

Houve um óóóóó de espanto e todos os animais começaram a discutir. Na verdade esta festa maravilhosa parecia o próprio

Congresso brasileiro em época de abertura e das eleições diretas porque todos discutiam e discutiam todos os pontos de vista. Mas a discussão que se seguiu à proposta da mula sem cabeça de convidar por telefone seu amigo saci-pererê para resolver o assunto e fazer todos voarem foi recebida com total entusiasmo por metade dos animais convidados e com total medo e repúdio pela outra metade. Por quê? Ora, o motivo era simples. A metade que queria voar e topava a ideia da mula sem cabeça de chamar o saci apenas queria voar a qualquer preço e pronto!

E como num passe de magia total, surgiu uma nuvem azul fosforescente, e uma voz dentro da nuvem brilhante fosforescente dizia:

Amiguinhos e amiguinhas
seres humanos e animais
ouçam que esta é a voz de Deus o ancestral e eterno
de todos os tempos e ventos
vamos, comecem a voar
porque é assim que eu vos quero agora
nesta hora da aurora, no ar do ar, a voar revoar!

A fumaça azul fosforescente brilhante sumiu com a rapidez com que surgiu e de súbito todos os animais começaram a voar. Todos sem exceção. Até o bicho-preguiça e o jabuti e a tartaruga voavam, se bem que num voo mais vagaroso que os demais. Assim na terra como no ar... Enfim! O saci-pererê ia na frente ao lado dos erês e ao lado da mula sem cabeça e suas duas amigas faladeiras que nem matracas, a anta e a capivara.

Os animais voavam excitadíssimos e comentavam: "Olha o sol nascendo. Olhem as luzes da Guanabara como se parecem com os diamantes da pulseira de ouro e joias de madame avestruz".

De repente todos deram um óóóóó de espanto: é que acabavam de ver um disco voador.

"Vamos segui-lo?", propôs o saci-pererê, e todos concordaram, e dava pra ver que o disco voador gostou da brincadeira, porque ao ver aquele bando de animais voando e fofocando enquanto voavam, deu uma parada no ar como se fosse um colibri ou um beija-flor, como se estivesse convidando todo mundo a segui-lo e a brincar numa cósmica-celestial brincadeira de pega-pega, esconde-esconde. E assim foi. A partir daquele momento encabeçados pela mula sem cabeça e pelo saci-pererê todos começaram uma perseguição espacial-celestial.

Dava para ver através da cabine transparente que parecia ser feita de supervidro colorido que quem guiava o disco voador era uma estranha e dengosa flor amarela ao lado de uma pedra falante!

(Sem título)

linda menina queimada de sol olhando esbelta para aquele
[lindo garoto voando na asa-delta
roda de samba na frente de um restaurante da zona sul
pares de namorados cantando rock e se beijando provocando
[pela espinha dorsal um arrepio
todos cantando a canção "Aquele abraço" de Gilberto Gil no Rio
ciúmes no ar do olhar latino quase assassino de um namorado
[perdidamente enamorado
e ultimamente atormentado de talvez ser corno e corneado
um gesto de beleza sutil de alguém que perdoa os erros do seu
[amor
criança cega pedindo para que alguém a ajude a atravessar a
[rua e ninguém ajuda
gato cinzento e malhado pulando daquele telhado
multidão com personalidade e indivíduos com ares de multidão
namorados brigando depois se beijando
um músico triste olhando para o chão pensando em seu
[impossível amor
ninguém respeitando o sinal com medo de assaltante
balas perdidas caindo ao léu junto com as gotas de chuva no céu
poeta perito em informática chorando escondido para ninguém ver
uma boca vermelha de mulher dizendo que sobreviverá a
[qualquer massacre de amor
a mão da ternura indescritível na forma da mão de um anjo
[invisível
revólver brilhando na cintura de um homem de crime ou será da
[lei?
Guarda multando esposa de deputado corrupto envolvido na
[CPI do narcotráfico
um excluído gritando que não queria ser excluído

um montão de sem-teto sem-terra penetrando num shopping
[center escandalizando alguns
fascinando a maioria
um motoqueiro com jeito de James Dean e de Chico Díaz
[passando ligeiro
o som do rádio de um carro com a voz de Rita Lee cantando os
[versos: Se a Deborah Kerr que o Gregory Peck
bando de gatos e gatas chupando sorvete e se balançando no
[skate
Um anjo do meu lado sussurrando no meu ouvido que tudo
[acabará bem.

(Sem título)

uma freira comprando cebola na feira
um mendigo com o mesmo olhar do meu melhor amigo
uma menina sem dentes jogando peteca
outra menina chupando sorvete em cima de uma bicicleta
uma cigana lendo a sorte da vida no meio da avenida
um lindo e jovem empresário em seu automóvel esporte irá na
                              [bolsa de valores tentar a sorte
um entregador motoboy mascando chiclete fumando cigarro e
                                  [cuspindo catarro
um sarado e tarado surfista olhando para todas as pernas e
                                  [coxas de todas as
mulheres sonhando em beijar todas elas deitadas em sua
                                       [lancha
ou então uma por uma em pé na sua prancha
um jardineiro de meia-idade lembrando velhos amores
cantando velhas canções arrumando as flores
uma trabalhadora do sexo que é o nome politicamente correto
                                    [para prostituta
falando com outra trabalhadora do sexo sua colega sobre o
                                [tamanho dos pênis dos homens
um vendedor ambulante com cartaz exibindo promessas de
                                      [cartomante
um psicólogo perguntando ansioso coisas para um astrólogo
uma autoridade vestindo um terno cinzento gritando aos
                                  [berros que é autoridade
que horror que medo quase eu xingo ao ver que passa por mim
                                  [a mesma cara que eu vi
no jornal do suspeito da máfia do bingo
um especulador da bolsa de valores vidrado em Nasdaq
                    [falando ao celular sem parar com a irmã da sua amante

um charmoso senhor oferecendo para uma jovem ninfeta um
[anel de diamante
operários querendo aumentos de salários aos berros
[ameaçando exercer seus direitos civis por meio da greve
um calouro com a boca seca atrás de um programa para
[calouros que não existe mais
um bêbado ao volante quase batendo em todos os carros
[apertando a buzina desenfreadamente
um torcedor do Vasco da Gama com brilho de glória de vitória
[paga nos seus olhos que nem
uma chama
uma gata de telenovela se escondendo do sol da manhã com
[óculos ray-ban
suicida caindo do prédio de tédio
comício de crentes na porta do edifício
pesquisador do Ibope olhando com muita curiosidade pra mim.

Mais forte e vigorosa é minha visão do kaos que é poesia — paixão + fé

FÉ! EIS A PALAVRA QUE DEFINE KAOS MELHOR
QUE TODAS AS OUTRAS!
KAOS = FÉ

Tenho fé, Matoso. Fé em não sei o quê. Fé simplesmente na vida. Atinjo uma simplicidade que me permite fazer tudo. Hoje posso dizer: sou livre. Sim, sinto um poder em mim terrível. Basta-me escrever, publicar já não é mais uma necessidade doentia.

Estou numa espécie de iluminação. Basto-me. Adeus coro de idiotas reunidos no galinheiro da passarela. Literatos, pintores, oportunistas, invejosos, fracos e mesquinhos. Adeus reconhecimento oficial da arte. Kaos é fé. Como é possível reconhecerem oficialmente uma fé. Fé é escândalo. Inclusive por sua aparente sobriedade.

Schöenberg foi o único marxista iluminado que encontrei.

Estou só e amo a vida assim desesperadamente que me incendeio. Hoje estou preparado para lançar-me ao mundo. Ou ficar eternamente em meu quarto. Parece que fui diplomado num curso que não tem nome, com matérias de não sei onde e professores invisíveis. Sim, a Legião dos espíritos educou-me. Sinto-o. E um poder quase sobrenatural apodera-se de mim. Lanço fogo da boca e paixão do coração. Dos olhos sai a água e a luz. Do sexo o orgasmo vitalizador.

Prelúdio

Todos os grandes tufões, sejam eles vendavais, temporais ou tempestades, apesar da grande força destruidora, trazem como elementos misteriosos da natureza um benefício muito grande, mas muito grande mesmo, como que para compensar o estrago, a destruição que produzem com a sua escandalosa e terrível chegada.

Depois de cada vendaval, ou até mesmo ciclone, fica uma atmosfera mais carregada de vida. Como tentaria eu explicar coisas que não têm explicação? Sei lá... tento usar a mediunidade poética... mas vejam se não é suprema verdade esta afirmação! Após os grandes furacões, justamente porque talvez aí neste estar aí neste estado de coisas e anticoisas, a morte e a destruição se fazem tão presentes e reais, o que sobra é algo que já vem vacinado por esta mesma morte e por esta mesma destruição. E então observamos com os olhos molhados de lágrimas brilhantes como pérolas negras da aurora o renascimento do mundo, e estranhamente observamos os cacos e o caos do universo destruído pelas poderosas forças da chamada natureza que um deus ou deusa desconhecidos fabricaram num outro tempo-espaço para quem sabe brincarem sadicamente conosco num jogo de esconde-esconde, vislumbrando aquele espanto da criança recém-nascida, a esperança brotando mais forte dessa mesma terra castigada pelos demoníacos ventos furacões da existência.

Parmênides, nosso-vosso colega pensador, dizia (numa recriação poética com todos os molhos do Brasil-Universal e sua poesia-total!): Neikós o ódio é aquela força que vem lá de fora para nos destruir, esmigalhar, agredir, dizimar, desencantar... porém, felizmente brota de dentro de nós, como que para compensar tamanha dor e amargura do terror-horror, a força infinita e abençoada do amor, através de Vênus Afrodite, de uma concha nascida e embalada pelas ondas do mar, e ao menos acredite, Vênus Afrodite é irmã-gêmea de Iemanjá e/ou Janainaá!

Assim como o relativismo de Albert Einstein & Pietro Ubaldi e das várias personalidades que o gênio zen-budista-português--universal Fernando Pessoa possui, há muitas versões sobre o nascimento e sobre a morte e... ressurreição de Dionisius! Dionisius é Bromios, é Zagreus, é Soter e é na versão degradada--mecanizada-pragmatizada-industrializada de Roma conhecido como Baco.

Dionisius sou eu, este que vos escreve-descreve e se atreve ainda a afirmar que é Dionisius-Exu! Assim como Vênus-Afrodite é Iemanjá, Apolo é Oxóssi, Iansã é Wotan, Hades é Abaluaiê, Zeus é Deus é Oxalá etc. etc. É só ouvir os tambores do candomblé da Bahia de Todos os Santos no ar e no mar da harmonia de todos os encantos e cantos, que o coração do ser humano, demasiadamente humano, totalmente entregue a este transe divino--pagão-cristão do Brasil-original-universal-sideral, intuirá... as sendas perdidas da estrada dourada que conduz ao Templo da felicidade.

(Sem título)

Freud é a visão do expressionismo judaico vienense enfocando os gregos de maneira peculiar, enfatizando o aspecto dionisíaco, a visão dos instintos, "antepondo-a" à visão apolínea com a qual a civilização helênica havia sido tradicionalmente interpretada pela Europa durante séculos, a partir do Renascimento.

A visão poética de Nietzsche foi a fonte primeira dessa visão. A de Freud, sua visão científica. A libido, eros, o instinto da morte e o da vida, uma procura do prazer, o hedonismo, a redescoberta do corpo, a condenação da visão da "eternidade" para uma afirmação plena no instante aqui-agora.

Pousado nos ombros dos gigantes trágicos, Ésquilo, Sófocles, Eurípides, denunciou as trapaças & hipocrisias de toda uma sociedade ocidental repressiva. Foi o grande deflagrador de novos mitos poéticos, muito diferentes do compasso rítmico do drama ocidental de então.

O próprio Freud mergulhou na dúvida, no desespero (não dramático) trágico-cósmico da existência em todas as suas dimensões. Propôs caminhos, desiludiu-se, e em seu último grande trabalho, *O mal-estar na civilização*, surge como trágico pessimista, como se fosse um daqueles gregos profundos e terríveis.

A redescoberta em nova leitura (industrial-ocidental-europeia) de mitos válidos a respeito do mistério humano modificou a visão e a existência de grandes partes do planeta. O planeta é antes de Freud e depois dele. Grande divisor de águas, foi no entanto nas Américas que o freudianismo libertado de seu pessimismo (herdeiro de contradições vitorianas) conseguiu superar-se e encarnar-se como práxis atuante & cantante na figura de Bob Dylan e em todos os blues & sambas maracatus do novo mundo.

Freud & Bob Dylan, ambos profetas e messias de um novo sistema nervoso. Seu discípulo Wilhelm Reich (função do orgasmo, revolução sexual) foi até mesmo grande influenciador do pensamento da geração beat americana. Ginsberg, o poeta máximo dessa corrente, afirma em um de seus principais poemas: "meu psicanalista reichiano...".

A ponte profunda entre o Velho Mundo e o Novo estava aberta. Isso no plano oficial da cultura declarada como tal, mas na cultura profunda dos subterrâneos da história outra ponte com afirmações paralelas e até mais densas já estava em curso há muito: a ponte africana dos atabaques a afirmarem a plena libido e seus filhos escravos no continente descoberto da existência, mesmo nas condições tão adversas da escravatura total nas mãos tão adversas dos colonizadores brancos nas Américas.

É essa a ponte Freud-Bob Dylan.

Bob Dylan inventou para a imprensa toda uma mitologia de sua vida, e foi esse o primeiro grande evento pop da história contemporânea oficialmente considerado como tal. A mentira sobre sua vida era já um happening, uma obra de arte, como se fosse outra canção do menino judeu-americano de Nova Jersey.

(Sem título)

John Lennon (atual):
80% descentralização, através da proposta política e social nas
[letras; marxismo pop.
20% paganismo, sensibilidade erótica como opção libertária
[decorrente da descentralização.
Torpor: nenhum.

James Taylor:
80% torpor, transe bucólico, imagens enevoadas, sonhos
[apolíneos de retorno a um estágio de inocência idealista.
10% paganismo, insinuado em letras dúbias, voz sensual
[esmaecida, ambígua, paganismo no entanto eminentemente
[apolíneo.
10% descentralização, através de imagens, da atmosfera geral
[da obra.

Janis Joplin:
60% torpor, um torpor dionisíaco, sensual, erótico, desesperado,
[patético, romântico. Mas as memórias românticas já possuem
[novo sentido.
30% paganismo, sensualidade, ânsia de viver o momento.
10% descentralização, quebrando a memória dramático-
[-patética do tempo dramático-linear.

Paulo, Cláudio e Maurício:
50% torpor, eletrônico, astral.
40% descentralização, frases musicais, coros abstratos.
10% paganismo.

(Sem título)

O Brasil era chamado de Pindorama pelos índios. Depois foi batizado na Bahia de Todos os Santos, em missa campal aberta, e em cerimônia de posse do território, em Porto Seguro, por Pedro Álvares Cabral, cuja meta real era esmagar com a artilharia de seus navios de guerra a rebelião dos hindus em Calicute, que com armas e elefantes se insurgiram contra o domínio do Império português, com o nome de Vera Cruz, depois Santa Cruz e depois Brasil.

Já este último e definitivo nome dado ao nosso país-continente, nação-emoção, deriva de pau-brasil, isto é: determina claramente que o comércio (o mercado ou suas majestades leis do Poder atual) já era a nossa mais profunda intuição.

Houve até uma espécie de pequena guerra civil entre comerciantes, os emboabas e mascates.

E por que o mercado? É o ápice da civilização, hoje chamada de Globalização, assim como cultura é chamada de informação. Da primeira comunidade universal sonhada por Aristóteles e efetivada por Alexandre, O Grande, esta globalização obteve o nome de Oikumené. Roma é quem efetiva realmente a segunda e mais efetiva Globalização. Depois a Igreja, a burguesia, a industrialização, e agora não há dúvidas, as atuais leis do mercado nascidas da eletricidade e da eletrônica, computadores e dados digitais, determinam a democracia, a liberdade, a robotização, a automação, a total liberdade sexual, o indivíduo, a criatividade, e tudo isso movido pela velocidade cada vez mais vertiginosa de um futurismo regional universal, cuja marca registrada parece ser o Paradoxo, isto é: pelo menos duas simultaneidades coexistindo. Vitória da antiga coexistência pacífica? Pois até o atual Partido Comunista chinês recomenda:

"Tornar-se rico é glorioso!"

E assim nos encaminhamos para o século XXI, no qual o Brasil universal, não o Brasil regional, é quem dará e fornecerá a alma e o mistério para esta Globalização, justamente por causa de nossa capacidade sincrética sem igual de fundir e misturar culturas usos e costumes com predominância da cultura negra, em todas as direções.

Historiadores atuais afirmam: Canadá, Estados Unidos e Brasil foram os países que receberam todas as espécies de povos, culturas, e os reuniram em harmonia. Fato que só estes três países conseguiram. O detalhe mais importante é que: apenas no Brasil as raças e as cores se miscigenaram através do sagrado ato sexual do amor criando mulatos, cafuzos, mamelucos etc. e também, apenas e tão somente no Brasil é que fundiram e sincretizaram (Chico Science!) todas as culturas numa fusão de som e tesão com a mesma fúria democrática com a qual misturaram suas genéticas, criando assim a maior cultura do século XXI.

É interessante notar que de acordo com as atuais pesquisas do cérebro e do DNA e RNA sabemos que quanto maior a mistura genética, mais exuberância mental e cerebral teremos, isto é, o oposto da crença da "purificação racial" de Hitler. O seu mais radical oposto.

É verdade também que, segundo esta ciência atual, sempre surpreendente, nos informa, temos vários cérebros que fingem ser um só!

Ouçam e vejam, não é miragem, é verdadeiramente o axé e a imagem do que é e do que não é!

Não falta malandragem nessa alta voltagem. Nenhum rio jamais retorna a seu lugar. Heráclito.

Programa do Partido Revolucionário do Kaos (PRK)

Lutamos por:

1) Tudo é vontade de potência, de vontade, de poder. Nós tomaremos o poder simplesmente porque somos os mais capacitados para isso. De onde veio essa certeza? Do nada e do tudo.
2) Ser do Kaos com K é também ser o seu próprio antisser!
3) O Kaos com K não é o caos com C! Nossa maior comunicação é a telepatia.
4) Viver na fé é viver no escândalo.
5) Eu recebo ordens e desordens de Lúcifer e do Arcanjo Querubim Rafael. Falo, choro, namoro com as plantas, pedras e os chamados mortos e/ou falecidos.
6) Quando a gente morre-falece vai para um lugar onde a velocidade do antitempo e do antiespaço é maior que a velocidade da luz, que é mais ou menos a velocidade de 300 mil quilômetros por segundo. Qualquer velocidade anterior à da luz chama-se passado da terceira dimensão. Na velocidade da luz estamos no eterno-moderno presente. E se estivermos além da velocidade da luz estamos no chamado futuro: isto é, somos a luz branca-prateada-faiscante-fosforescente e somos sugados-chupados pelo abismo do fim sem fim do chamado buraco negro; isto é, estamos mortos &/ou falecidos de acordo com a linguagem dos mortais-imortais.
7) A angústia é a base da nossa fé.
8) Só quem se perdeu se salvará. Tudo é uma luta diabólica-angelical de anjos e demônios de arcanjos seres luciferianos.
9) Aqui cada um poderá colocar o que quiser:

10) O líder messias antilíder antimessias é sempre ridículo/sublime.

11) Nós do Kaos não consideramos válidas as abstrações históricas. Para nós tudo é o indivíduo &/ou o individual.

12) É preciso manter contato permanente com o positivo e o negativo, isto é, Mefistófeles e Jesus Cristo.

13) Combater a violência e a agressividade que nascem apenas da falta de carinho e de amor-sexo.

14) Eu não quero que haja desentendimentos motivados pela intolerável intolerância! Não há a mínima necessidade de mentir porque a mentira é apenas a trapaça da trapaça que prega o nada da desgraça, e por isso o maior escândalo não é a liberdade sexual total, mas sim porém todavia a harmonia de todas as fases e ênfases da vida e da morte que se colocam num só axioma: o amor e a morte? Esses dois fenômenos, aquilo que existe e nada mais nada.

15) O Kaos existe e não existe!

16) O Kaos se interessa muito mais pela anti-história individual das criaturas demasiadamente humanas do que por qualquer outra coisa.

17) O Kaos gosta e não gosta de relembrar Danton, que diz: "A virtude sem o terror é frágil, o terror sem a virtude é um crime, portanto a revolução é a virtude e o terror".

18) É preciso amar, mas para amar é preciso odiar; se bem que mais amar do que odiar.

19) Além das ordens iluminadas totalmente inexplicáveis e emanadas pelo líder antilíder Exu-Dionísio Jorge Mautner Filho Predileto de Xangô existirão três tipos de células-aparelhos do PK, a saber: Células-Aparelhos tipo Alfa: são aquelas que reunirão um mínimo de três camaradas e no máximo doze camaradas e serão caracterizadas pelo critério de escolha existencial. Ou seja, suponhamos um arquiteto que mora no bairro de Pinheiros mas que, ao invés de se filiar ao

PK na célula Alfa com outros arquitetos &/ou na célula Beta com seus vizinhos de rua &/ou comunidade, prefere unir-se/reunir-se através do critério do inexplicável.

20) Meditar em silêncio sobre o silêncio e logo em seguida fazer barulho e aí compreender como é que se fabrica harmonia a partir da dissonância.

21) Em seguida meditar na profunda meditação dos samurais do Japão eterno-moderno sobre a nossa morte. Imaginar-encenar a própria morte diariamente e noturnamente: uma vez com dores, outra sem dores, outra em combate, outra como suicídio etc. Depois imaginar-encenar de igual modo os vários tipos de morte em relação à pessoa mais amada, depois em relação à pessoa mais odiada e finalmente em relação à pessoa com a qual não temos o mínimo laço de afetividade nem simpática nem antipática.

22) Todas as revoluções-evoluções da nossa história e anti-história foram atos de magia mais trabalho mais energia mais acaso! Kaos!

23) Neste instante ocorre-me que a dúvida permanente é, ao lado da onda musical, treino básico para o desenvolvimento das telepatias.

24) Mesmo que por motivos utópicos &/ou reais-concretos por ocasião da nossa-vossa-minha-sua tomada do poder-potência nacional-mundial-parcial-total o PK satisfizer a todos e a tudo, criar-se-á então, para que exista super-superior na revolução-evolução permanente democrática do Kaos com K uma super-superior-oposição das oposições! Eu mesmo o chefe antichefe criarei o meu antiantiantichefe!

Projeto cultural pela Constituinte de Jorge Mautner

Proponho a formação em duas equipes de ativistas culturais, uma situada no Rio de Janeiro e outra em São Paulo. Em etapa posterior, criar-se-ia uma terceira equipe itinerante por todo o Brasil.

Haveria, ainda, uma divisão de TEMPO-ESPAÇO de atuação dividida em dois prazos distintos, a saber: o primeiro prazo seria de 15 de julho de 1986 até 15 de novembro de 1986; e o segundo prazo estender-se-ia do dia 15 de novembro de 1986 até 15 de novembro de 1987.

As equipes de ativistas culturais desenvolveriam uma série de tarefas que seriam essencialmente a criação e a execução de cursos sobre: arte, história da arte, a importância da guerra cultural, a procura da nova filosofia e a criação da fenomenologia brasileira. Estas equipes, dirigidas e organizadas pela minha pessoa, iriam, através destas aulas, que seriam também ministradas por mim, criar uma atmosfera de compreensão e alargamento cultural necessário — não só pela prática da democracia, como seiva fundamental para a compreensão do que é a Assembleia Constituinte, o seu significado histórico e o seu significado eterno. Quero, através deste trabalho, mostrar que uma obra artística individual contém, no entanto, imensos laços de interligação coletiva.

Até hoje, um long-play tem sido apenas um long-play, até hoje um show tem sido apenas um show, como, até hoje, um livro tem sido apenas um livro. Através deste projeto quero mostrar que um long-play está conectado com a mensagem do livro, e o livro, por sua vez, está conectado com o show, e que, acima de tudo, o long-play, o show e o livro estão íntima e indissoluvelmente ligados aos interesses essenciais do povo brasileiro principalmente no que tange, dado o caráter didático e pedagógico deste trabalho artístico, a todos os aspectos da vida política, da compreensão histórica, do que é, ou melhor, do que talvez seja, a alma desse país-continente.

Sabemos que tudo é guerra cultural. Sabemos que falta cultura e informação geral e regional. Neste projeto, através de shows, palestras, publicações, cujas especificidades narro a seguir, provocaríamos uma agitação cultural sem precedentes. Através das atividades de nossas equipes de ativistas, formaríamos uma espécie de pequena universidade paralela ou, se quiserem, uma usina cultural que, na primeira etapa, que acaba no dia das eleições da Assembleia Constituinte, desenvolveria um trabalho de agitação artística para fabricar uma atmosfera de emoções e de princípios de individualismo democrático, de verdadeiro nacionalismo antropofágico (não xenófobo), de profunda religiosidade existencial, de elevado pensamento de justiça social, para influenciar o desígnio e a eleição dos constituintes. Mostrar, principalmente, a força da cultura como uma fonte ininterrupta de criatividade permanente e diametralmente oposta a qualquer penitenciária de ideologia totalitária. Nas aulas sobre a criação da fenomenologia brasileira, lembrar que esta tarefa é obra de todos os brasileiros; do mais simples camponês ao mais sofisticado cantor de rock, todos unidos pela união dentro da diversidade.

Além das atividades dirigidas para o público geral, estas equipes de ativistas fariam também um imenso trabalho dentro da própria classe dos artistas. Essas atividades de palestras, aprofundamentos estéticos, interpares, são de extremada relevância.

Baseados na tática-estratégia e no conteúdo-forma da simultaneidade, esta guerra cultural nacional universal da Nova República será, ao mesmo tempo, móvel e imóvel, passiva e ativa, direta e indireta, racional e irracional, na razão e na paixão, isto é: caminhará, ao mesmo tempo, por dois trilhos. Os dois trilhos são os dois caminhos e/ou estradas que nos conduzem à imensa e densa tarefa de criar e recriar constantemente o dom e o som que se sente no eon do que se crê no tom do ABC da semente do prazer que, para ser prazer, tem que ser o plá do ter e o quá quá quá de receber o sêmen do ser nacional-universal!

Desculpe-me tanta poesia que se insinua nesta ação-teoria feita de perfeita paixão e sintonia, com a razão que a racionalizaria e a nacionalizaria.

Tudo isto quer dizer que: teremos uma espécie de escritório e/ou sede quartel-general desta guerra cultural, onde e de onde irradiaremos as mensagens, incendiaremos as paisagens, nos daremos e nos faremos como as imagens, apagaremos as bobagens otárias e antioperárias e faremos furor, pois trabalharemos com fervor na implantação no fim sem fim da plantação que se vê e se forma a favor da reforma agrária.

Ensinaremos, portanto, como seres serenos, na dor e no amor, nos encantos que vêm dos encantos de saber a ironia da sabedoria que se sabe é o sim da sinfonia que se recebe na calma da alma da calmaria do Tao, o sal da maresia do tao do Tao, da raiz do som sorridente que é a fé e o axé do país-continente.

O núcleo imóvel poderá ser localizado num prédio, num apartamento qualquer, num andar cinzento da capital que se quer do alto do Planalto a pista do artista que, ao se dar, se arrisca e, ao criar, petisca, ao recriar, no alto da lista, o amar na tal sensual vista que se avista bela lá da Bela Vista até o lau que se vê e se lê na revista de fofoca aliás no alto do palco da avenida suave que lida com a nave da suicida e homicida avenida Paulista.

(Sem título)

Filho de pais fugidos do nazismo, cedo a batucada irrompeu e entrou pelos meus ouvidos e ficou na alma e no coração apaixonado. Por isso no violino (instrumento europeu) gosto tanto de fazer repique e linhas melódicas que brotam do inconsciente infantil. Aprendi violino com meu padrasto em São Paulo, dos sete até os catorze anos, depois veio o bandolim.

Nelson Cavaquinho canta: "Hoje é Carnaval". Aos dezessete anos escrevi um livro chamado *Deus da chuva e da morte* e misturei em meus circuitos cerebrais o rock'n' roll e o samba através de uma ponte cheia de carnaval, batuques, negritudes e Américas. Saí do colégio nessa época, o livro foi publicado em 1962 pela editora Martins Fontes. Em 1963 publiquei um livro chamado *Kaos*. Escrevi em jornal, artigos (sempre poéticos apesar de um chão antropológico e filosófico e sociológico etc.). Mais dois livros em 1965: *Vigarista Jorge* e *Narciso em tarde cinza*. Mais de milhares de páginas e de melodias, me acompanhando sempre, desde 1957 até 1965, quando fui para os Estados Unidos e lá fiquei mais de sete anos.

Componho ao bandolim, ao violino, ao violão, assobiando, cantando. Mudo na telepatia do cérebro silencioso. Em 1965 lancei um compacto pela RCA que não aconteceu: "Radioatividade" e "Não, não, não" — as duas músicas. Em 1958 compus "Olhar bestial" pelas ruas de São Paulo, em 1969 compus com Carla Bley, lá no Village em Nova York, "Olhos de gato" (ela é compositora de vanguarda lá). Mas foi a partir de 1971, quando conheci Gilberto Gil e Caetano Veloso em Londres, que se deu o salto qualitativo em termos de possibilidade de industrialização da criação. Compus com Gil em Londres três músicas das quais fiz a letra: "Three Mushrooms", "Babylon" e "Crazy Pop Rock" e com Caetano "From Faraway".

Escrevi o argumento do filme *Jardim de guerra* de Neville d'Almeida, e também apareço como ator e argumentei trechos do filme de Rogério Sganzerla. Fiz um filme 16mm colorido longa-metragem musical-comédia-filosofante chamado *O demiurgo* filmado em Londres com Caetano, Gil, Macalé, Dedé Gadelha, Sandra Gadelha, Aguilar, Giselda, Leilah Assumpção, Ruth Panterete. Isto em 1971.

Depois, no Brasil, em 1972, gravei meu primeiro LP, selo da extinta marca Pirata da Philips, uma gravação de show ao vivo no Teatro Opinião, *Para iluminar a cidade*, produção de Paulo Lima. Era um show acústico, selvagem, doce, com bongôs, atabaques, e tinha uma faixa "Quero ser locomotiva", que, gravada por Vanderléa, foi sucesso.

O LP por ser novo e pirata não vendeu por boicote comercial das lojas porque o preço era 15 cruzeiros, contra os usuais 25 de um LP na época. Além de ser um material novo, era pirata. Depois, em um compacto simples gravei "Rock da barata" e a marcha "Relaxa meu bem, relaxa", em parceria com Nelson Jacobina.

Foi com "Maracatu atômico" meu e do Nelson Jacobina, criação de Gilberto Gil (amamauêo), que a maré mudou e culminou com este LP que é dirigido artisticamente pelo Gil para a Polydor. Digo que a maré mudou porque "Maracatu" foi um sucesso e nos deu (a mim, ao Jacobina, ao Rodofo Grani Jr. e ao Roberto Carvalho) a chance de fabricar um trabalho industrial, um LP não pirata. Na bateria Tuti Moreno e na percussão Chico Azevedo, músicos de Gil.

Gal Costa gravou "Lágrimas negras" meu e do Nelson Jacobina, e já que falo nele gostaria de dizer algo sobre este meu parceiro de sete das treze músicas do LP. Nasceu no Rio a 5 de outubro de 1953, Libra, estudava no Instituto Musical Villa-Lobos, e conhece tanto samba quanto o rock e o maracatu. E além disso é instrumentista incrível e tocamos juntos desde 1972.

Com Gil compus recentemente "Rouxinol do sol" e "Samba da roseira". Já trabalhei como lavador de pratos, massagista, funcionário das Nações Unidas, fui secretário do poeta norte-americano Robert Lowell, fui representar o Brasil como escritor num Simpósio Inter-Latino-americano na Venezuela em 1967, datilógrafo de banco, garçom, jornalista e colunista em 1963 no jornal *Última Hora* de São Paulo, escrevendo "Bilhetes do Kaos", mas sempre com a presença do som. Em todos os meus livros e artigos este tal de som imperando por cima e por baixo, como meta e presente. Foi até um artigo sobre Noel Rosa que fez Millôr Fernandes me expulsar do *Pasquim* em 1972. Foi isso o que me fez escrever para a *Rolling Stone* e para o *Flor do Mal* do Luiz Carlos Maciel.

O som das Américas. Já no meu primeiro livro *Deus da chuva e da morte* digo que a Nova Coisa nasceria no Brasil, deste turbilhão das Américas. Essa crença arrasto até hoje. Hegel, filósofo europeu alemão, já dizia que a nova formulação das coisas viria das Américas. Para mim bebo e me alimento e me instruo deste turbilhão que é a cultura americana do norte, do Caribe e do Brasil. E claro que a do Brasil é a mais profunda forte emanação, mesmo porque todo soul e todo rock leva sincopadas e breques de samba e batuques sem fim.

Desde abril de 1972 que eu e Nelson Jacobina viemos nos apresentando em vários lugares, bastante em São Paulo, uma vez em Macaé, muitas no Rio de Janeiro, uma vez em Juiz de Fora, Recife, São Salvador, com os músicos mais diferentes nas situações mais diferentes, e só agora parece que constituímos um grupo musical afiado para este momento X. Mas é sempre o momento X, dentro do relativismo das coisas, e a vida segue seu caminho do zigue-zague do elétron, por aqui e por ali. A beleza, o desejo, o amor, a felicidade, o prazer, estão todos espalhados por aí, na nossa natureza interior e na natureza exterior, os fios que interligam tudo isso são os fios da harmonia, que às vezes é dissonante, mas sempre estabelece uma ponte, uma ligação. Ligação. Tudo interligado, através de vibrações, frequências que são energias, memórias, o Tempo são bolhas que viajam pelo espaço, e a energia é um outro nome para amor.

FRAGMENTOS

Axé até a pé é a fé
Fé que é e não é o pé e o anti=fé
do Kolô da fé :::: ≡ KOLOFÉ!!!! Kolofé!!!!
Kolofé!!!! Kolofé!!!! :::

Ao menos acredite Já e Já e Já
Já que Vênus=Afrodite é e
não é Yemonjááá e///ou
e///ou e///ou e///ou
Janaínááá!!!!

Iº Fragmento

Axé até a pé é a fé
Fé que é e não é o pé e o anti ☰ pé
do kolo da fé :::: """"" ☰ Kolofé!!!! Kolofé!!!!
Kolofé!!!! Kolofé!!!!"""""

Ao menos acredite já e já e já e
já que Vênus ☰ Afrodite é e
não é Yemanjáááá e //// ou
e //// ou e //// ou e //// ou
Janaínáááá!!!

Iº **Fragmento**

Estou na cidade, mas
os prédios que vejo, ao perambular
pelas ruas, me parecem pirâmides
do antigo Egito, e não sei
por quê, eu passo por elas e permaneço o futuro esqueleto
que serei.
A liberdade cai e se impõe
em minh'alma como imposição
dos deuses e deusas e nesta
madrugada definitiva, definitivamente
resta-me escrever algo que não
seja poesia direta, totalmente nua e crua,
isto é, despida das vestes das rimas,
e até mesmo do verniz dos versos.
Estou a caminhar por entre
árvores e coisas sem nome! Mas
para que nomear o inominável?

IIº Fragmento!!

Na verdade vos digo que o que
interessa é a intensidade com que se vive o instante!! É aí que está
o início da caminhada pela estrada
das Sendas Perdidas que inesperadamente
podem subitamente encaminhar o
existente a se deparar com o
abismo da vertigem e da Simultaneidade,
onde se colhem as flores mais
coloridas e perfumadas assim como
os espinhos mais daninhos e aterrorizantes;
e onde ao mesmo tempo-espaço acontece
que pode assim como também pode não poder
acontecer o Emergir das águas em chamas das profundezas
mais profundas deste abismo acima e abaixo, ali e aqui, do
bem e do mal, o Ser desvelado-desvelante-
-desvelador-desvelando!!
Só e tão somente na vivência
do momento, na existência do fugaz-
-instantâneo-simultâneo-brevissississímo instante
do Relâmpago-Raio-Luz-Clarão do
acontecimento do acontecer e de sua existência
na essência da existência da própria e imprópria essência,
e que não há de se repetir jamais novamente em
tempo-espaço algum ou nenhum outra vez, a não ser nos sonhos e
                                        [devaneios e obras de arte
que tentam (e quase que conseguem) reconstituir
o esplendor do Momento Vivido.

III° Fragmento

𝄞 𝄞 𝄞 𝄞

III° Fundamento

"" A imperfeição é a medida do homem!!!! ""
((((Nikolai Berdiaev!!!!))))

Neste primeiro ☰ derradeiro fragmento notamos e
endossamos a eterna 𝄞 𝄞 𝄞 𝄞 moderna 𝄞 𝄞 𝄞 𝄞 moderna
𝄞 𝄞 𝄞 𝄞 eterna tolerância das tolerâncias!!!!

Às vezes é gostoso pairar por cima do abismo como se fosse
um voo sem enjoo de um cisne e cheio de um além e de um
aquém encanto de lirismo de zen-budismo, além do pessimis-
mo, aquém do otimismo, num vai 𝄞 𝄞 𝄞 𝄞 vem de gostosuras
das mais inesperadas!!!!

>—→ Iº Fragmento! ←—<

O Ser "X" segundo o nomeia Martin
Heidegger, ou se quiserem o Ser auto-
denominado humano, por ser tão
apavorado com a morte, cria
então deuses que são imortais!

E depois ele os esculpe
em forma de estátuas
de mármore ou de ouro,
para ficar diante deles,
isto é: destas estátuas e
esculturas, e sentir-se seguro, tranquilo, serenizado, imortal!

IV Fragmento

A vida é uma eterna vertigem, é como o mistério do buraco negro, muitas vezes tenho me perguntado por que a vaidade consome e martiriza e empalidece e mata tantos seres humanos, dos melhores, ao meu redor.

Nesta madrugada que é, ou melhor dizendo, foi, a última noite do dia do verão de 1992, encontro-me totalmente em estado simultâneo de espanto-iluminação-encanto-aflição. Por que será que o Ser X nasce, vive e morre e jamais ressuscita embora ele invente a todo momento o seu espaço-tempo e se iluda no autoconvencimento na ilusão das ilusões de que é imortal?

No livro sagrado dos antigos Vedas, lê-se a seguinte inscrição lapidar:

"E quando entrou no recinto vazio do templo e olhou ao seu redor, mergulhado naquela solidão das solidões, soltou um pavoroso grito de terror".

≡ VIº Fragmento!!!! ≡

As rodas e os círculos
rodam e circulam sem
cessar!!!! O que mais me
intriga é esta queda sem
paraquedas, só tara que
enreda, rara e cara e que
encara cara a cara se arremeda
a ser o ser da tempestade!!!!

O meu coração, ó
coração, tem a forma
de um pandeiro batuqueiro
de terreiro brasileiro!!!!

------ Iº F ------

Os ventos do norte vieram em súbitas lufadas
inesperadas
enregelaram-se no mesmo instante
no mesmo instante
em que comecei
a lembrar de coisas
que me fizeram
estremecer
com aquele estremecimento
de tremor e de saudades,
no mesmo instante em que
me lembrei de você
e as lágrimas começaram a brotar
como pequenos rebentos de águas
salgadas e amargas que são as
palavras que não soubemos dizer
ou pronunciar e que então
assumem a forma de líquidos
geralmente mornos e tristonhos oriundos
de dolorosas e tristonhas rejeições,
e foi aí subitamente que
ao brotar, como pequenas sementes,
brotos, nascentes, fortes e brotes
de gotículas
elas enregelaram e se transformaram
em faíscas geladas
compostas e formadas
por fibras e tessituras
de feixes ou pequeníssimos gravetos
de microscópicas arvorezinhas geladas

de gelos salgados e gelados
como fios de pesados cabelos
como arrepios de pesados pesadelos
inesperados.

≡ I º Fragmento!!!! ≡

As cicatrizes
são como
raízes. Marcas
do Real.
Atrizes de
um teatro
Universal.

>—→ IV º Fragmento! ←—<

A devassidão era a melhor espécie de negócio radical, e entre todos os imbecis não havia mais nada, apenas desespero líquido e total!!!! Por que estou tão abobalhado e infinitamente triste e alegre ao mesmo tempo???? Ora... de tanto ouvir você dizer que as Musas são obtusas. Eu não tolero a sua imperfeita sólida solidão!!!!

E o que existe a não ser a sólida solidão???? Apenas estercos de outros estercos nas cercas e cercanias de todos os corações!!!!

É preciso ter coragem para sondar o absurdo e não cair nele, e o que pretendo no fundo destas profundezas deste diálogo? Ora, deve ser apenas a lei da solidão!!!! És ou não és da cabeça aos pés a dissolução da desumana humanidade? Por que se incomodam com o tédio as pessoas boçais???? E os elefantes desembocam sempre em armadilhas mortais-imortais????

Recebemos o nada como contracheque e depois nos voltamos e vamos embora... De que serve tudo isso???? E para onde vamos???? Vamos para a roda da morte e deste lugar não há saídas, apenas homens homicidas e suínos suicidas!!!! Será que as atitudes dos idiotas se caracterizam por um sofrimento sem par? Êxtases e plenitudes serão alcançados em breve se você não se furtar a se transformar num cavalo centauro onde o pecado está sempre do outro lado!!!! Nas mais desvairadas questões as tensões estão juntas!!!! Não estou nem perdido nem achado, sou... penso que sim... um ancião transviado!!!!

Eu havia tido uma experiência quase mortal quando caí de um cavalo imaginário e depois tudo se transformou numa cena de paisagem de cenário envenenado e poluído e com tanta pretensão que o mar de rosas virou com suas ondas redondas um oceano-mar de perversão por onde as perversidades invadiam como ventos das saudades os tempos das cidades como eventos de pestes das tempestades!!!! Vou tentar parar de rimar mas o meu inconsciente não me deixa!!!! E você sabe por quê?

≡ IVº Fragmento!!!! ≡

Por que o terror se
abate na dor-amor
do A-B-C-D do
prazer-sofrer por todas
as bodas do éter da manhã
onde se encontra o Peter do Peter Pã
na idade da eternidade????
Por que o eco das
palavras que voltam
(e se revoltam????) se
traveste de pia-piedade?

                    ?

                    ?

                    ?

≋ Iº Fragmentum ≋

Eu irado, transformado
e transtornado furacão e
eu brisa apaixonado acari-
ciando as praias, as
plantinhas bem baixas fazendo
carinho na terra num
ato de amor pedindo perdão

- - - - - - **IIº F** - - - - -

Hoje os dias estão iguais às
noites das catedrais. Eu mal
respirar posso. E por quê? Ora...
os motivos se perdem no
abismo retangular do
octaedro dos infinitos
finitos e dos finitos
infinitos.

Eu estou de acordo com todos
os verbos. Especialmente
os nervos dos verbos.
Isto é: os verbos nervosos.

>—→ Vº Fragmento!!! ←—<

Agora, estou no zênite do prazer, e
as palavras explodem como raios do
Sol!!!! Mas também são raios de relâmpagos, raios de Zeus,
raios de Deus,
raios dos ateus!!!!!!

Dá vontade de ficar e de não
ficar rimando tudo!!!!!!!!! E contudo, estudo
um meio menos feio de me fazer entendido,
mesmo porque, eu hoje, amanhã, depois de
amanhã, estou, estaria, estarei, estive,
estava, gostando de você!!!!!!!!

>─→ III º Fragmento!!!! ←─<

Cadeiras, gavetas, armários,
telefones, pedras, gotas de chuva,
raios de sol falam comigo!
E eu falo com estes seres e
antisseres! E por que não
falaria? Eu, elas, eles, você, vocês
gostam de falar! Então,
falemos, falávamos, falaríamos,
falaremos, falam!

☰ Iº Fragmento!!!! ☰

autoria !!!! letra !!!! melodia !!!! Jorge Mautner

Eu sou o esposo e a esposa, o mariposo e a
mariposa, que tem o raposo e a raposa como
antigos amigos antigos amigos cantigos no elã da manhã
na manhã de figos e figos no mar de Canaã ao amar em Itapoã
ao luar de nevar da lua cheia que ao enluarar o que vem
do bem de bem do bem-querer no lugar e ao alugar a casa
da asa da teia da aranha vê na teia que ao pagar e ao apagar
a brasa que embasa a sereia da estranha feia e tacanha
beleza de princesa que anda e como anda comanda
no assomo do gomo daquela que dá e revela o plá
que se vela no que há no ABC da Caravela no som
do eón do Afoxé na tara Odara que Cara a Cara
toma e tomara soma e toma na cara à toa a coroa
do coroa que se coroa de rei, ora de delfim, de lei, agora
de mel e de fel de del de del de céu do fim sem fim
do mar de se chamar e de se aclamar e de se derramar
de mar de entes imponentes de cetim vê assim crê em mim
lê enfim revê outrossim bebê nenê noutro potro solto revolto

- - - - **I º** - - - -

Depois que o Rinoceronte parou
em frente ao Relógio dos Ponteiros
do Tempo, a angústia geral
se instalou.
Oh! Sim, ela veio galopando
no seio do coração de 24 mil
cavalos que atravessam
o deserto das transformações

>>>⟶ Iº Fragmento!!! 𝄞𝄞𝄞𝄞

𝄞𝄞𝄞𝄞 Poema 𝄞𝄞𝄞𝄞 MENSagem 𝄞𝄞𝄞𝄞 𝄞𝄞𝄞𝄞 ORAÇÃO !!!!
⟵<<<

Procuro e chego
na procura de azul do azul
Do puro apego
No duro
Escuro negro
Eis o muro

I ≡ Fragmento

O que é este I≡ Fragmento???? Ora.... nem eu mesmo sei!!!! Eu só sei que os elefantes azuis atravessam as névoas das noites cintilantes atrás talvez do cemitério dos elefantes!!!! E eu sei que não sei o que eu sei que não sei!!!! E de resto, eu vou bem e mal, mal e bem!!!! Lembro-me de Yeshua ben Joseph ((((isto é, e//// ou melhor dizendo, isto quer dizer em aramaico que é o antigo hebraico :::: Jesus filho de José!!!!)))) que afirmou que::::

≡ """"Os primeiros serão os últimos e os últimos serão os primeiros!!!!""""

Quem sabe, então, este é o último Fragmento no fim sem fim deste livro e que é tem a forma 𝄞 𝄞 𝄞 𝄞 conteúdo que informa o Som e o Agón de tudo e contudo, com tudo, o elétron é e não é mudo, e assim consegue e no ódio do pódio do Odeon no acorde do acordeon, repito-o, e repito-o porque Jean-Paul Sartre um dos meus arqui ≡ super ≡ hiper ≡ pré 𝄞 𝄞 𝄞 𝄞 proto ≡ mestre dos mestres me ensinou que era sempre necessário repetir muitas vezes certas koisas 𝄞 𝄞 𝄞 𝄞 anti ≡ koisas ((((numa espécie e////ou anti ≡ espécie de anti ≡ slogan da repetição da mentira para encobrir pela repetição brutal a Revolução Internacional, segundo Adolf Hitler no seu livro e////ou anti ≡ livro """"MEIN KAMPF"""" = ((((Minha Luta)))) e assim sendo.... têm a forma 𝄞 𝄞 𝄞 𝄞 conteúdo, estes chocolates ≡ voadores de discos voadores, e outrossim, me parecem pilotados por astronautas nus e descendentes de leões africanos, onças pintadas brasileiras, flores das dores ≡ amores ≡ sabores ≡ cores da flor que resta atônita no horror da floresta e atômica dor ≡ amor ≡ amor ≡ dor da floresta amazônica, e finalmente, como quarto elemento pelas sagradas 𝄞 𝄞 𝄞 𝄞 profanas 𝄞 𝄞 𝄞 𝄞 aladas 𝄞 𝄞 𝄞 𝄞 humanas flechadas

sacanas emanadas em chamas pelo deus moleque Cupido, que voando nuzinho em pelo, com suas asas em brasas de libélula sexual, dispara e atingindo o fígado dos seres e antisseres, os faz ficar perdidamente apaixonados para o sempre do sempre!!!! Assim eu também digo:::: ≡ """"Fígados do mundo todo, uni-
-vos!!!! """"

Passam, ((((eu os vejo claramente ♪ ♪ ♪ ♪ obscuramente na cara da semente que encara cara a cara o ente do ente doente e do poente de poente pente e obscura a voz dura do algoz do Mal atroz da pura ♪ ♪ ♪ ♪ impura rainha da aflita linha dura da dita ditadura dos nazismos infernais, abismos do ruim do fim sem fim dos bestiais!!!!)))) passam, passam e repassam, chocolates voadores perto da minha cabeça e procuram ((((ao menos assim o parece)))) lugar para pousar e////ou repousar, tipo ≡ estilo ≡ forma ≡ conteúdo de aeroporto e////ou disco ≡ porto PARA aterrissar!!!!

I° FRAGMENTO

O que é êste I° Fragmento ???? Ora...,nem eu mesmo sei !!!! Eu só sei que os elefantes azuis atravessam as névoas das noites cintilantes atrás talvez do cemitério dos elefantes !!!! E eu sei que não sei o que eu sei que não sei !!!! E de resto, eu vou bem e mal, mal e bem !!!! Lembro-me de Yeshua ben Joseph ((((Cristo é, e/ou melhor dizendo, isto quer dizer em Aramaico que é o antigo hebraico..... Jesus filho de José !!!!)))) que afirmou que ....

≡ Os primeiros serão os últimos e os últimos serão os primeiros !!!!

Quem sabe, então, êste é o último fragmento no fim sem fim deste Livro e que é têm a forma ♭♭♭♭ Conteúdo que informa o Som 10 Agon de tudo e contido, com tudo, o elétron é e não é mudo, e assim conseguem e no Ódio do Pódio do Odeon no acorde do Acordeon, repito-o, e repito-o porque Jean Paul Sartre um dos meus Arqui ≡ Super ≡ Hiper ≡ Pai ♭♭♭♭ Pastor ≡ Mestres dos Mestres me ensinou que certas coisas ♭♭♭♭ anti ≡ ≡ coisas eram sempre necessárias de serem Repetidas muitas vezes ((((numa espécie))))/ou anti ≡ espécie de anti ≡ Slogan da Repetição da Mentira para encobrir pela Repetição brutal a Remediosa (sic) Internacional, Segundo Adolph Hitler no seu Livro e///ou anti ≡ Livro ((((MEIN KAMPF !!!! =))) Minha Luta)))), e assim sendo .... tem a forma ♭♭♭♭ Conteúdo, estes Chocolates ≡ Voadores de discos ≡ voadores, e outrossim, me parecem pilotados por astronautas nus e descendentes de leões Africanos, onças pintadas brasileiras, flor dos dez ≡ amores ≡ Sabores ≡ côres da flor que resta atomita no horror da pimenta e atômica dos ≡ amor ≡ amor ≡ dos da floresta amazônica, e finalmente, como quarto elemento pelas sagradas ♭♭♭♭ profanas ♭♭♭♭ aladas ♭♭♭♭ humanas flechadas Sacanas emanadas em chamas pelo deus moleque Cupido, que voando nuzinho em pêlo, com suas asas em brasas de libidem sexual, dispara e atingindo o fígado dos cães e anti-cães, os faz ficarem perdidamente apaixonados para sempre do Sempre !!!! Assim eu também digo :::: ≡ Fígado do mundo Todo, UN(-Vos) !!!! ::::

Passam, ((((eu os vejo claramente ♭♭♭♭ obscuramente na cara da Semente que encara cara a cara o ente do ente doente e do pente dupente de poente pente e obscura a voz dura da algoz do Mal atroz da pura ♭♭♭♭ impura rainha da aflita linha dura da dita ditadura dos nazismos infernais, abismos do ruim do fim sem fim dos bestiais !!!!)))) passam, passam e repassam, Chocolates Voadores perto da minha Cabeça e procuram ((((ao menos assim o parece)))) lugar para pousar e///ou repousar, tipo ≡ tetoto ≡ forma ≡ Conteúdo de aeroporto e///ou disco ≡ Pôrto PARA Aterrissar !!!!

Nota dos organizadores

Durante anos, navegamos pelo arquivo pessoal de Jorge Mautner, guardado por ele de maneira *kaótica* em sua casa: pinturas, livros prontos e muitas ideias espalhadas em cadernos, margens de jornal, pedaços de papel, cadernetas de telefone ou no verso de notas fiscais. Ali, encontramos temas recorrentes — amor, solidão, infância, angústia, Brasil, Bahia, política, ciência — e conexões poéticas, como uma rima que aparece em um caderno e, dez anos depois, em um guardanapo. *Kaos* externo e *kaos* interno simultâneos.

Selecionamos uma amostra desse acervo inédito, apresentado aqui junto à totalidade de suas letras de música, parte mais conhecida de sua obra. Lado a lado, o Jorge Mautner conhecido e o Jorge Mautner inédito proporcionam uma leitura nova deste gigante da literatura brasileira. Ao longo deste *Kaos Total*, sentimos um movimento entre rimas simples e ritmos extraordinários, imagens singelas e referências clássicas, entre o terror e a esperança. Lendo os textos em voz alta, descobrimos a música que por vezes se oculta entre as palavras.

As letras, que figuram aqui como poemas, ganham um brilho novo, diferente do familiar. Em meio a sua obra inédita, há o que chamamos de prosa poética: ficções, projetos políticos e reflexões filosóficas. Muitos são os poemas, de formas, tamanhos e temas diversos. Neles, Jorge transita entre questões do universo abstrato e material, sem diferenciação. Em todos os casos, vemos amor, humor, delicadeza, liberdade e rigor. Nas pinturas, nunca antes apresentadas em livro, está o mesmo artista que vê o mundo como simultaneidade de afetos e assuntos. Exibe ao mesmo tempo uma estética naïf, e um rigor quase militar na escolha, organização das cores e contornos precisos das figuras.

É com grande alegria que apresentamos esta obra, ainda desconhecida, de um artista que, aos 75 anos, pensávamos já conhecer. Sua obra é sua vida. O *Kaos total*, Jorge Mautner, nunca se encerra, está sempre vivo e em movimento.

Maria Borba e João Paulo Reys

Índice de títulos e primeiros versos

1% da população mundial, 348

A arca da aliança, 249
A arte moderna, 299
A bandeira do meu Partido, 39
A consciência do limite, 246
A devassidão era a melhor
  (fragmento), 397
A felicidade, 307
A festa dos bichos e/ou o dia em que
  os bichos voaram, 354
A filosofia eletrônica, 297
A força secreta daquela alegria, 120
A história do baião, 205
A imperfeição é a medida do homem
  (fragmento), 390
A nossa firma (de turismo) [...], 324
A vida é uma eterna vertigem
  (fragmento), 392
A vida tem coisas tão dela, 291
A vingança é a origem das leis, 170
Acúmulo de azul, 204
Adoro e moro e habito [...], 269
Aeroplanos, 100
Agora, estou no zênite do prazer
  (fragmento), 401
Ai, ai, ai, 96
Alcaçuz, 176
Alegria na chegada da ajuda [...], 347
Anjo infernal, 56
Ao enfiar, 281
Ao som da Orquestra Imperial, 196
Aquele que fala é macaco, 271
Árvore da vida, 155
As catedrais estavam em, 348
As cicatrizes (fragmento), 396
As rodas e os círculos (fragmento), 393
às vezes a tristeza nos mergulha, 290
Assim já é demais, 193
Axé até a pé é a fé (fragmento), 387

Ba be bi bo bu, 245
Babylon, 220
Bebês e babás, 340

Belezas são simetrias, 305
Bem-te-vi, bem-te-viu, 68
Berçário das estrelas, 259
Bolinhas de gude, 94
Bomba de estrelas, 235
Bumba meu boi de Beijing, 165

Cachorro louco, 134
Cadeiras, gavetas, armários
  (fragmento), 402
Canto do espanto, 175
Canto do sabiá, 164
Chave de um perdido paraíso, 210
Chave do tesouro, 102
Chuva de estrelas, 160
Chuva princesa, 35
Cidadão, cidadã, 118
Cinco bombas atômicas, 76
Coisa assassina, 184
Como a sedução, 320
Corações, corações, corações, 143
Crazy pop rock, 221

Da maravilhosa loucura, 328
Das trevas se fez, 302
De acordo com a ciência, 344
Depois que o Rinoceronte parou
  (fragmento), 404
Desde criança não tinha esperança,
  329
Dia de paz, 222
Diamante costurado no umbigo, 103
Doidão, 186
Duas luas, 233
Durmo convulso entre folhas e
  cadernos, 266

E agora sobrou o nada, 293
E na neblina, 280
E que distância é esta que, 288
e todos teremos, 298
Ecologia, antiga deusa da harmonia,
  257
Ela é tão bacana, 276
Ela rebola, 260

Ele gostava de andar, 319
Encantador de serpentes, 129
Era um fio de melodia, 292
Estilhaços de paixão, 168
Estrela da noite, 54
Eu estou com a saudade [...], 321
Eu irado, transformado (fragmento), 399
Eu li nos jornais [...], 272
Eu queria ser você e por quê? [...], 282
Eu sou o esposo e a esposa (fragmento), 403
eu vi e percebi, 290
Estou na cidade (fragmento), 388

Fado do gatinho, 137
Fala chorando, 244
Feitiço vudu, 339
Feras deveras, 225
fico imaginando, 319
Filho de pais fugidos [...], 381
Filho predileto de Xangô, 106
Flor artificial, 248
Foi assassinato no mato [...], 327
Freud é a visão [...], 370
From faraway, 62
Futurismo, 242

Ginga da mandinga, 78
Gosto de irradiar o amor, 277
Graça divina, 88
Guzzy muzzy, 72

Ha, ha, ha, 161
Herói das estrelas, 80
Hino da independência em ressurreição permanente, 254
Hiroshima, Brasil, 41
Hoje os dias estão iguais (fragmento), 400
Homem-bomba, 185
Homenagem-colagem, 346
Homenagem a Oxalá, 92

Iluminação, 32
Índios do Xingu, 326
Índios tupy-guarany, 138

John Lennon (atual), 372

Juntei a fome com a vontade de comer, 202

Kilawea, 203

Labirinto de Creta, 237
Lágrimas negras, 111
linda menina queimada [...], 363
Louca curtição, 208

Mais forte e vigorosa é minha visão do kaos que é poesia –paixão + fé, 367
Magic hill, 211
Manjar de reis, 181
Maracatu atômico, 88
Matemática do desejo, 83
Medo do escuro, 247
Medonho quilombo, 212
Menino carnavalesco, 154
Meu país distante do passado, 283
Mil e uma noites de Bagdá, 98
Mobatala, 238
Morre-se assim, 187
Muitas vezes de dia, 349

Na verdade vos digo que (fragmento), 389
Nababo ê, 86
Nada ao extremo, já dizia Solon, 345
Namoro astral, 122
Namoro de bicicleta, 124
não me interessa a coisa imensa, 270
Não, não, não, 48
Não vou chegar antes [...], 277
nas madrugadas, 286
Negros blues, 112
Nicanor, 197
Nightingale (O rouxinol), 226
Noite do meu ódio, 261
Nos meus passados [...], 266

O boi, 108
O Brasil era chamado [...], 373
O dia era verde [...], 325
O dia não passa, 279
O executivo-executor, 198
O poeta, 256
O mal das mágoas do amor, 278
O relógio quebrou, 84

O rouxinol, 110
O que é este (fragmento), 406
o que eu digo eu demonstro, 266
O que se escuta na, 286
O ser humano nasceu na África, 332
O Ser "X" segundo (fragmento), 391
O som do meu violino, 97
O tataraneto do inseto, 141
Olha só quem passa, 195
Olhar bestial, 36
Olhos de raposa, 174
Orquídea negra, 230
Os devaneios são como, 287
Os fios dão arrepios elétricos, 296
Os marcianos, 158
Os operários estão preocupados, 347
Os pais, 192
*Os ventos do norte vieram em súbitas
lufadas* (fragmento), 354
Outros viram, 200

Pedra bruta, 163
Pégaso azul, 227
Pelas capitais, 223
Perspectiva, 152
Pipoca à meia-noite, 74
Planeta dos macacos, 67
Por minha espontânea vontade, 276
Por que o terror se (fragmento), 398
Prelúdio, 368
Procuro e chego (fragmento), 405
Programa do Partido Revolucionário
do Kaos (PRK), 375
Projeto cultural pela Constituinte de
Jorge Mautner, 378

Quando a tarde vem, 40
Quero ser locomotiva, 58

Radioatividade, 46
Rainha do Egito, 93
Relaxa, meu bem, relaxa, 66
Ressurreições, 194
Rock comendo cereja, 132
Rock da barata, 42
Rock da TV, 79

Salto no escuro, 85
Salve, salve a Bahia, 214

Samba da gilete, 177
Samba dos animais, 77
Samba dos meses, 99
Samba jambo, 95
Samba japonês, 121
Sapo-cururu, 53
Se eu falo em forma de poema, 269
Segundo. (Primeiro.), 296
Sem medo de assombração, 241
Sem título, 258
Senhora da noite, 229
Sheridan square, 60
Sinto a infinita noite [...], 268
Sirene da ambulância, 172
Sonho de uma noite de verão, 234
SuperMulher, 52

Tá na cara, 125
Tarado, 182
Tempo sem tempo, 240
Tenho a mania de enxergar tudo, 367
The three mushrooms, 218
todas as revoluções representam, 318
Todo errado, 180
*Tudo é sempre um equilíbrio
flutuante*, 289
Txim-plan, 101

Um milhão de pequenos raios, 87
Uma coisa, você aí, 268
*uma freira comprando cebola na
feira*, 365
Urge Dracon, 183

Vai carreiras de minifragmentos, 321
Vampiro, 37
Vamos na direção da esperança, 347
Vamos tremer na, 282
Vasos de flores e beijos [...], 278
Vem esse eco, 288
Vem o vazio, 350
Vi um nome do ciclone, 337
Viajante, 232
Vida cotidiana, 127
Vivendo sem grilo, 173

Yeshua Ben Joseph, 148

Zona fantasma, 136
Zum-zum, 150

Copyright do texto e das ilustrações © 2016 by Jorge Mautner

*Grafia atualizada segundo o Acordo Ortográfico da Língua Portuguesa de 1990,
que entrou em vigor no Brasil em 2009.*

PESQUISA E ORGANIZAÇÃO DAS LETRAS: Bruno Simiscalchi

PROJETO GRÁFICO E CAPA: Elisa von Randow

FOTO DE CAPA: DR
*Todos os esforços foram realizados para contatar o fotógrafo. Como isso não foi
possível, teremos prazer em creditá-lo, caso se manifeste.*

REPRODUÇÃO DAS PINTURAS
pp. 4-5, 20-21: Renato Parada
pp. 6-7, 8-9, 10, 11, 12-13, 14-15, 16-17, 18-19, 22: Fernando Laszlo

REPRODUÇÃO DOS MANUSCRITOS E ILUSTRAÇÕES
Panfletos da Nova Era: arquivo vivo de Jorge Mautner

PREPARAÇÃO: Ana Cecília Agua de Melo

REVISÃO: Carmen T. S. Costa e Angela das Neves

Dados Internacionais de Catalogação na Publicação (CIP)
(Câmara Brasileira do Livro, SP, Brasil)

Mautner, Jorge
   Kaos total / Jorge Mautner ; org. João Paulo Reys e
Maria Borba ; seleção dos fragmentos Natasha Felizi. —
1ª ed. — São Paulo : Companhia das Letras, 2016.

   ISBN 978-85-359-2673-6

   1. Poesia brasileira I. Reys, Paulo. II. Borba, Maria.
III. Felizi, Natasha IV. Título.

15-10254   CDD-869.1

Índice para catálogo sistemático:
1. Poesia : Literatura brasileira 869.1

[2016]
Todos os direitos desta edição reservados à
EDITORA SCHWARCZ S.A.
Rua Bandeira Paulista, 702, cj. 32
04532-002 — São Paulo — SP
Telefone: (11) 3707-3500
Fax: (11) 3707-3501
www.companhiadasletras.com.br
www.blogdacompanhia.com.br

ESTA OBRA FOI COMPOSTA POR ACOMTE EM FAKT SLAB PRO E
IMPRESSA PELA GEOGRÁFICA EM OFSETE SOBRE PAPEL PÓLEN
SOFT DA SUZANO PAPEL E CELULOSE PARA A
EDITORA SCHWARCZ EM JANEIRO DE 2016

A marca FSC® é a garantia de que a madeira utilizada na fabricação do papel deste livro provém de florestas que foram gerenciadas de maneira ambientalmente correta, socialmente justa e economicamente viável, além de outras fontes de origem controlada.